Panorama de l'environnement 2015

LES INDICATEURS DE L'OCDE

Cet ouvrage est publié sous la responsabilité du Secrétaire général de l'OCDE. Les opinions et les interprétations exprimées ne reflètent pas nécessairement les vues officielles des pays membres de l'OCDE.

Ce document et toute carte qu'il peut comprendre sont sans préjudice du statut de tout territoire, de la souveraineté s'exerçant sur ce dernier, du tracé des frontières et limites internationales, et du nom de tout territoire, ville ou région.

Merci de citer cet ouvrage comme suit :
OCDE (2016), *Panorama de l'environnement 2015 : Les indicateurs de l'OCDE*, Éditions OCDE, Paris.
http://dx.doi.org/10.1787/9789264255531-fr

ISBN 978-92-64-25180-9 (imprimé)
ISBN 978-92-64-25553-1 (PDF)
ISBN 978-92-64-25795-5 (en ligne)

Les données statistiques concernant Israël sont fournies par et sous la responsabilité des autorités israéliennes compétentes. L'utilisation de ces données par l'OCDE est sans préjudice du statut des hauteurs du Golan, de Jérusalem-Est et des colonies de peuplement israéliennes en Cisjordanie aux termes du droit international.

Crédits photo : Couverture © iStockphoto.com/JoeGough – Chapitre 1 © Stefan Körber/Fotolia.com – Chapitre 2 © Inmagine LTD/Don Hammond/Design Pics.

Les corrigenda des publications de l'OCDE sont disponibles sur : *www.oecd.org/about/publishing/corrigenda.htm.*

Table des matières

Suivez les publications de l'OCDE sur :

 *http://twitter.com/OECD_Pubs*

 *http://www.facebook.com/OECDPublications*

 *http://www.linkedin.com/groups/OECD-Publications-4645871*

 *http://www.youtube.com/oecdilibrary*

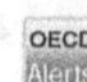 *http://www.oecd.org/oecddirect/*

Ce livre contient des...

Accédez aux fichiers Excel® à partir des livres imprimés !

En bas des tableaux ou graphiques de cet ouvrage, vous trouverez des *StatLinks*. Pour télécharger le fichier Excel® correspondant, il vous suffit de retranscrire dans votre navigateur Internet le lien commençant par : *http://dx.doi.org*, ou de cliquer sur le lien depuis la version PDF de l'ouvrage.

Préface

Le *Panorama de l'environnement 2015* observe que de nombreux pays de l'OCDE ont su réduire leurs émissions de gaz à effet de serre, et qu'une partie d'entre eux a accru la part des renouvelables dans les approvisionnements énergétiques, amélioré la gestion des déchets ou rendu la gestion de l'eau plus efficiente grâce à l'innovation. Données à l'appui, il montre qu'il est possible de découpler la consommation de ressources naturelles, la production de déchets ou les émissions atmosphériques de la croissance économique. Ces évolutions positives s'expliquent tout à la fois par l'essor du secteur des services et la délocalisation d'activités de production polluantes et grosses consommatrices de ressources qui l'a accompagné, par l'action des pouvoirs publics et par le progrès technique. La crise économique a également contribué à alléger certaines pressions pesant sur l'environnement.

Le *Panorama de l'environnement* met aussi en évidence les domaines dans lesquels les progrès ont marqué le pas ou restent insuffisants. Il existe ainsi une importante marge de progression en ce qui concerne la protection de l'air et du climat, la modification des modes de consommation d'énergie, la gestion des déchets et des matières, la préservation de la biodiversité et du patrimoine naturel et l'application de politiques plus intégrées – autant de domaines essentiels pour la croissance verte et le développement durable. Beaucoup d'évolutions positives demeurent marginales et la cohérence des politiques laisse encore trop souvent à désirer, ce qui nuit aux efforts de lutte contre les effets dommageables exercés sur l'environnement.

Le changement climatique figure depuis de nombreuses années au premier rang de nos préoccupations. Il constitue désormais un défi urgent et pourrait bien faire peser des menaces irréversibles sur notre développement économique et notre bien-être. L'intensité carbone de l'énergie consommée par les activités humaines n'a guère diminué depuis 1990, et les approvisionnements énergétiques restent dominés par les combustibles fossiles. D'après les données de l'Agence internationale de l'énergie, les émissions de CO_2 dues à la combustion d'énergie ont augmenté de 36 % dans le monde depuis 2000, ce qui est en phase avec la croissance économique mondiale. En cas de politiques inchangées, on estime qu'en 2050, les émissions mondiales de CO_2 liées à l'énergie seront trois fois supérieures au niveau qu'il ne faudrait pas dépasser pour limiter durablement le réchauffement de la planète à 2 °C. Des estimations plus récentes indiquent pour 2014 un tassement du taux de croissance des émissions de CO_2 qui n'est pas lié à l'activité économique. Les années qui viennent diront s'il s'agit là de l'amorce d'une nouvelle tendance.

Les pays continuent de soutenir de nombreuses façons la production et la consommation d'énergies fossiles. En outre, tous les combustibles fossiles ne sont pas traités de la même manière. La transition vers une économie bas carbone est toujours freinée par les variations de la fiscalité énergétique, les signaux-prix inégaux, la faible taxation de combustibles particulièrement dommageables pour l'environnement et les exonérations de taxes énergétiques accordées à certains secteurs. En règle générale, le charbon est l'énergie fossile la moins taxée, alors que c'est le combustible disponible pour la production d'électricité qui émet proportionnément le plus de carbone. Dans ces conditions, il existe sans doute de vastes possibilités de réformer les systèmes fiscaux nationaux, d'aligner les politiques et d'atteindre les objectifs environnementaux de façon plus efficace et économe.

Il est d'autant plus important d'agir que se profile en décembre 2015 à Paris la 21e Conférence des Parties à la Convention-cadre des Nations Unies sur les changements climatiques (COP 21), dont les enjeux sont considérables : il s'agira de conclure un nouvel accord international juridiquement contraignant pour lutter efficacement contre le changement climatique et maintenir le réchauffement de la planète en dessous de 2 °C. Pour y parvenir, gouvernements et entreprises devront s'attaquer d'urgence au défi de la transition d'un monde gros émetteur de carbone vers un monde où les émissions nettes de carbone seront nulles, et ce alors même que beaucoup font face à des difficultés économiques et des dilemmes douloureux. Une transformation à long terme sera nécessaire, moyennant des ajustements structurels et un engagement total de toutes les grandes économies du monde.

La décarbonation de l'économie mondiale appelle des politiques fortes et prévisibles qui envoient des signaux-prix appropriés et éliminent les formes de soutien de la production et de la consommation dommageables pour l'environnement, notamment les subventions dans le domaine des énergies fossiles. Une telle action exige une vraie volonté politique et une vision à long terme du développement économique. Elle doit aussi s'appuyer sur des données fiables et cohérentes harmonisées au niveau international.

Les pouvoirs publics, les décideurs et la société civile doivent savoir dans quelle mesure leur pays obtient des résultats satisfaisants au fil du temps et comment il se situe par rapport aux autres pays. C'est l'une des raisons pour lesquelles l'OCDE joue un rôle de premier plan dans les efforts internationaux de construction d'indicateurs environnementaux depuis le début des années 90, et d'indicateurs de la croissance verte depuis 2011. L'OCDE observe en outre la qualité de vie et le bien-être dans le cadre de son Initiative du Vivre mieux. Sachant que les grands problèmes d'environnement peuvent rarement être réglés par un pays qui agit seul, le suivi régulier au moyen d'indicateurs permet d'encourager la mise en commun des bonnes pratiques entre les pays.

Les informations disponibles pour évaluer les progrès des pays en matière d'environnement peuvent encore être améliorées. Dans beaucoup de domaines, les données laissent à désirer ou sont inexistantes, et il est difficile de suivre les effets des mesures publiques en raison de l'absence de séries temporelles fiables. La mission de l'OCDE est de travailler de conserve avec les pays pour suivre leurs progrès et en rendre compte, en tenant compte de leur situation particulière. C'est aussi d'aider les pays à améliorer leurs systèmes d'information sur l'environnement et à produire des indicateurs fiables et cohérents.

Nous continuerons de fournir aux gouvernements des indicateurs environnementaux harmonisés, et nous restons déterminés à travailler en étroite collaboration avec les pays et nos partenaires internationaux pour améliorer leur qualité.

Simon Upton

Directeur, Direction de l'environnement de l'OCDE

Panorama de l'environnement 2015
Les indicateurs de l'OCDE

Résumé

Depuis 2000, des progrès se dessinent au niveau des émissions de polluants atmosphériques traditionnels, de la consommation de carburant pour les transports, de l'intensité énergétique, de la consommation d'eau, du traitement des eaux usées et de la protection de la biodiversité. Ces progrès s'expliquent en partie par le ralentissement de l'activité économique, sous l'effet de la crise, mais aussi par le fait que les pays de l'OCDE font de plus en plus appel à des instruments tels que la fiscalité pour atténuer les pressions environnementales en influençant le comportement des consommateurs et en internalisant les coûts environnementaux. Par ailleurs, les considérations d'environnement occupent une place de plus en plus centrale dans la coopération pour le développement et dans la recherche-développement (R-D).

Or ces améliorations demeurent en grande partie marginales et les politiques manquent souvent de cohérence, ce qui nuit aux efforts déployés pour lutter contre les atteintes à l'environnement. Ainsi, les pays continuent d'encourager de multiples façons la production et la consommation de combustibles fossiles et l'activité économique reste indissociable des émissions de carbone et du gaspillage d'énergie et d'autres ressources naturelles. Au nombre des grands défis à relever figurent la lutte contre le changement climatique et les conséquences de la dégradation de l'environnement sur la santé ainsi que sur la croissance et le développement futurs. Des politiques vigoureuses et des informations fiables seront nécessaires pour relever ces défis, en particulier dans un contexte de reprise de la croissance.

Principales constatations

La pollution atmosphérique reste préoccupante tant pour le climat que pour la santé publique

- Les émissions de gaz à effet de serre (GES) progressent à l'échelle mondiale mais ont reculé dans presque tous les pays de l'OCDE entre 2000 et 2012, ce qui témoigne d'un découplage global entre ces émissions et la croissance économique. Cette situation s'explique en partie par le ralentissement de l'activité économique lié à la crise économique, mais aussi par le renforcement des politiques climatiques et l'évolution des modes de consommation énergétique.
- Cependant, les pays de la zone OCDE émettent bien plus de dioxyde de carbone (CO_2) par habitant que la plupart des autres régions du monde, avec 9.6 tonnes par personne, contre 3.4 tonnes par personne dans le reste du monde. On estime que les politiques actuelles aboutiront à des émissions mondiales de CO_2 trois fois supérieures au niveau requis pour limiter à 2 °C la hausse des températures mondiales à long terme.

- Les émissions d'oxydes de soufre (SO_X) et d'oxydes d'azote (NO_X) continuent de baisser sous l'effet des économies d'énergie, des substitutions interénergétiques, des mesures antipollution et du progrès technique.
- Dans la moitié des pays de l'OCDE, plus de 90 % de la population est exposée à des concentrations de particules fines ($PM_{2.5}$) au-delà desquelles on observe des effets néfastes pour la santé. Ces particules pénètrent profondément dans les poumons et peuvent contenir des métaux lourds et des substances organiques toxiques.

La demande d'eau progresse mais la consommation d'eau est restée stable

- Les prélèvements d'eau douce sont restés stables grâce à une utilisation plus efficiente de la ressource et à l'amélioration des politiques de tarification, mais aussi au recours accru à des sources de substitution, telles que la réutilisation et le dessalement de l'eau. Si de nombreux pays affichent un découplage relatif entre les prélèvements d'eau et la croissance du PIB, les ressources en eau douce sont soumises à un stress moyen à élevé dans un tiers des pays, et beaucoup de pays doivent faire face à des pénuries d'eau locales ou saisonnières. Le changement climatique pourrait aggraver encore ces pénuries, y compris dans les pays bénéficiant d'un approvisionnement en eau fiable.
- Près de 80 % de la population des pays de l'OCDE bénéficie de services de traitement des eaux usées. Plusieurs pays sont actuellement confrontés à une hausse des coûts de modernisation de leurs réseaux de distribution et d'assainissement vieillissants. Certains d'entre eux doivent trouver de nouveaux moyens de desservir les établissements humains isolés ou de petite taille, et d'assurer un contrôle adéquat des petites installations de traitement indépendantes.

La mise en décharge reste le principal mode d'élimination des déchets municipaux

- La production de déchets municipaux a ralenti au cours des années 2000. En moyenne, une personne vivant dans la zone OCDE produit 520 kg de déchets par an, soit 30 kg de moins qu'en 2000, mais toujours 20 kg de plus qu'en 1990. Bien que les déchets soient de plus en plus réintroduits dans l'économie via le recyclage, la mise en décharge demeure le mode d'élimination privilégié dans la moitié des pays de l'OCDE.

La biodiversité est de plus en plus menacée

- De nombreuses espèces animales et végétales sont en danger dans les pays de l'OCDE, et en particulier dans les pays à forte densité de population et d'infrastructures. En Amérique du Nord et en Europe, les populations d'oiseaux agricoles ou forestiers ont reculé d'environ 30 % en 40 ans. De nombreuses forêts sont menacées par la dégradation, le morcellement et le changement d'affectation des sols. La demande de bois induite par les objectifs en matière d'énergies renouvelables joue un rôle de plus en plus grand dans l'exploitation des forêts.

Les progrès environnementaux dans les secteurs économiques sont inégaux

- Entre 2000 et 2014, l'amélioration de l'intensité énergétique s'est poursuivie. Le recours aux énergies renouvelables se développe, en particulier en Europe. Dans les pays de l'OCDE, les énergies renouvelables représentent 21 % de la production d'électricité (15.6 % en 2000) et près de 9 % des approvisionnements totaux (6 % en 2000), qui restent toutefois dominés par les combustibles fossiles (80 %).

- Dans la plupart des pays de l'OCDE, la circulation routière a augmenté plus vite que la croissance économique. Les effets des mesures prises par les différents pays pour promouvoir des véhicules plus propres sont souvent compensés par la progression du parc automobile et de la circulation routière, d'où un accroissement de la consommation de carburant et de la pollution.
- Dans presque tous les pays, la superficie agricole a diminué parallèlement au recul de certaines émissions de GES liées à l'agriculture et à celui de la consommation d'engrais phosphatés. Cependant, la part des terres consacrées à l'agriculture biologique reste faible, à peine plus de 2 %, même si ce chiffre masque des variations importantes entre les pays. En effet, la part de l'agriculture biologique est généralement supérieure dans l'Union européenne, où elle atteint 10 à 17 % dans certains pays.

Le soutien à la recherche, au développement et à l'innovation progresse

- Les dépenses publiques de R-D consacrées à l'environnement ont progressé de plus de 20 % depuis 2000 et sont reparties à la hausse plus rapidement que les dépenses de R-D totales au sortir de la crise économique de 2008. Elles représentent toutefois moins de 2 % des dépenses publiques totales de R-D. La part des dépenses visant les énergies renouvelables dans les dépenses totales liées à l'énergie a quant à elle augmenté, passant de 8 % à 24 %.
- L'aide publique au développement (APD) allouée à l'environnement continue de croître ; sa part dans l'APD totale est passée de 9.6 % en 2002 à 12.6 %, l'aide liée aux énergies renouvelables dépassant désormais celle ciblant les énergies non renouvelables.

Il reste difficile d'appliquer des instruments de marché visant une tarification de la pollution

- Le recours aux taxes liées à l'environnement progresse mais demeure limité par rapport à la fiscalité du travail. Les recettes ainsi dégagées représentaient environ 1.6 % du PIB en 2013. Ces prélèvements sont dominés par les taxes sur l'énergie (69 %) ainsi que sur les véhicules automobiles et les transports (28 %). La variation des taux d'imposition de l'énergie, la divergence des signaux-prix, le faible taux de taxation des combustibles à fort impact environnemental et les exonérations dont bénéficient les produits énergétiques utilisés dans certains secteurs entravent la transition vers une économie sobre en carbone. De nombreux pays continuent de taxer davantage l'essence que le gazole et la part des taxes dans les prix à la consommation finale est généralement plus élevée pour les ménages que pour l'industrie.

Guide du lecteur

Le rapport *Panorama de l'environnement* présente un certain nombre d'indicateurs environnementaux. Il montre les progrès réalisés par les pays de l'OCDE depuis les années 2000 dans le traitement d'une série de grands enjeux environnementaux, dont la pollution de l'air et de l'eau, le changement climatique, la gestion des déchets et la protection de la biodiversité et d'autres actifs naturels.

Les indicateurs reposent sur des données communiquées régulièrement par les autorités des pays membres dans le cadre d'un questionnaire de l'OCDE, ainsi que sur des données disponibles auprès d'autres sources internes à l'OCDE ou internationales. Certains ont été mis à jour sur la base des informations internationales disponibles en mars 2015 et des commentaires reçus des délégués nationaux jusqu'en février 2015. Cependant, compte tenu des délais de production des données environnementales dans la plupart des pays, les données les plus récentes pour bon nombre de paramètres examinés dans ce rapport portent sur 2012.

Les indicateurs présentés ici sont ceux qui sont utilisés régulièrement dans les travaux de l'OCDE et disponibles pour une majorité de pays de l'OCDE.

Cadre des travaux de l'OCDE sur les données et indicateurs de l'environnement

Depuis plus de 30 ans, l'OCDE produit des données et des ensembles d'indicateurs sur l'environnement harmonisés au niveau international, et aide les pays à améliorer leurs systèmes d'information sur l'environnement. Ses travaux visent principalement à :

- mesurer les progrès et les performances dans le domaine de l'environnement
- suivre et promouvoir l'intégration des politiques, en particulier la prise en compte des préoccupations environnementales dans les politiques sectorielles (par exemple transports, énergie, agriculture) et dans les politiques économiques plus généralement
- aider à suivre les progrès accomplis sur la voie d'un développement durable et d'une croissance verte, en mesurant jusqu'à quel point les pressions exercées sur l'environnement sont découplées de la croissance économique.

Les postulats de base des travaux de l'OCDE sur les indicateurs sont les suivants :

- Il n'y a pas d'ensemble unique d'indicateurs ; un ensemble donné est approprié ou non selon l'usage que l'on veut en faire.
- Les indicateurs ne sont qu'un outil parmi d'autres, et il faut généralement les mettre en relation avec d'autres données pour pouvoir en tirer des conclusions valables.
- Les indicateurs de l'environnement de l'OCDE constituent des ensembles relativement restreints définis dans l'optique d'une utilisation au niveau international. Pour l'analyse des enjeux au niveau national, il convient de les compléter par des indicateurs nationaux.

Afin de mener à bien ce programme, les pays membres de l'OCDE se sont mis d'accord pour :

- adopter le modèle pression-état-réponse (PER) comme cadre de référence commun
- identifier les indicateurs sur la base de leur utilité pour l'action, de leur pertinence analytique et de leur mesurabilité
- utiliser l'approche de l'OCDE en l'adaptant à leur situation nationale.

L'élaboration d'indicateurs environnementaux dans le cadre de l'OCDE est basée sur l'expérience pratique des pays membres. Elle bénéficie d'un soutien fort de la part de ces derniers et de leurs représentants auprès du Groupe de travail de l'OCDE sur l'information environnementale. Les travaux de l'OCDE profitent également de l'étroite coopération établie avec d'autres organisations internationales, en particulier la Division de statistique des Nations Unies (DSNU) et les bureaux régionaux des Nations Unies, le Programme des Nations Unies pour l'environnement (PNUE), la Banque mondiale et l'Union européenne (notamment Eurostat et l'Agence européenne pour l'environnement), ainsi qu'avec des instituts internationaux.

Le modèle pression-état-réponse de l'OCDE

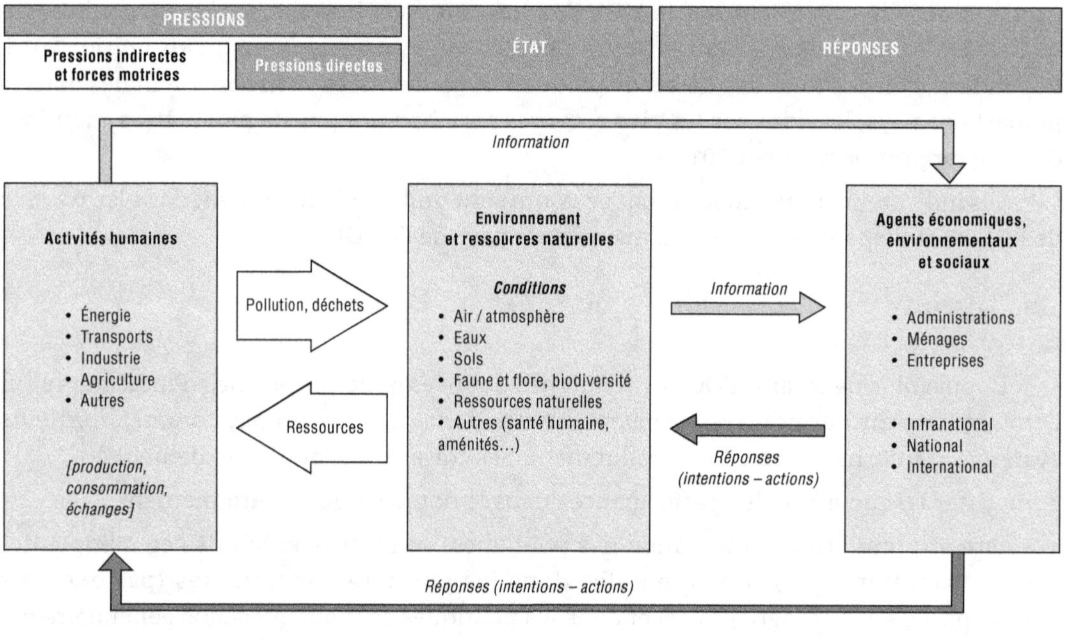

PRESSIONS
Pressions indirectes et forces motrices
Pressions directes
ÉTAT
RÉPONSES
Information
Activités humaines
- Énergie
- Transports
- Industrie
- Agriculture
- Autres

[production, consommation, échanges]
Pollution, déchets
Ressources
Environnement et ressources naturelles
Conditions
- Air / atmosphère
- Eaux
- Sols
- Faune et flore, biodiversité
- Ressources naturelles
- Autres (santé humaine, aménités...)

Information
Réponses (intentions – actions)
Agents économiques, environnementaux et sociaux
- Administrations
- Ménages
- Entreprises
- Infranational
- National
- International

Réponses (intentions – actions)

Comparabilité et interprétation

Chaque section de ce rapport consacrée à un indicateur particulier s'ouvre sur un court descriptif indiquant ce qui est mesuré et pourquoi. Il est suivi d'explications sur le concept et les définitions qui sous-tendent l'indicateur, puis d'un exposé sommaire sur les principales évolutions observées. Un paragraphe fait ensuite le point sur la comparabilité, et met en exergue les situations où la prudence est de mise lorsqu'on compare des indicateurs entre différents pays ou différentes années. Les questions intéressant plusieurs domaines thématiques sont abordées ci-après. Enfin, une annexe propose des informations complémentaires et des notes par pays.

Les indicateurs exposés ici ne présentent pas tous le même intérêt pour tous les pays et doivent être interprétés en tenant compte du contexte dans lequel ils ont été produits. Il importe de garder à l'esprit qu'une moyenne nationale peut masquer d'importantes variations à l'intérieur du pays. En outre, il ne faut pas perdre de vue les aspects suivants lorsqu'on procède à des comparaisons internationales :

- Les définitions et les méthodes de mesure varient selon les pays, de sorte que les comparaisons entre pays peuvent ne pas porter sur les mêmes choses.
- Les sources de données et les méthodes de mesure sur lesquelles reposent les indicateurs comportent une part d'incertitude. Les écarts entre les indicateurs de différents pays ne sont donc pas toujours statistiquement significatifs, et lorsque plusieurs pays affichent des valeurs relativement proches, leur classement ne reflète pas toujours fidèlement la réalité.

La normalisation des indicateurs n'est pas effectuée selon une approche unique ; différents dénominateurs sont utilisés en parallèle pour équilibrer le message. Beaucoup d'indicateurs présentés dans cette publication sont exprimés par habitant ou par unité de PIB.

- Les estimations relatives à la population reposent sur la notion de résidence telle qu'elle est définie dans le SCN : concrètement, la population comprend les personnes qui résident dans un pays pendant un an ou plus, quelle que soit leur nationalité. Les données se rapportent généralement aux estimations en milieu d'année et proviennent des statistiques annuelles sur la population active de l'OCDE : OCDE (2014), « Statistiques de la population active : Tableaux résumés », Statistiques de l'OCDE sur l'emploi et le marché du travail (base de données), *http://dx.doi.org/10.1787/lfs-lfs-data-fr*.
- Les valeurs du PIB sont exprimées en USD, aux prix et parités de pouvoir d'achat (PPA) de 2005. Les PPA sont les taux de conversion des monnaies auxquels les pouvoirs d'achat des différentes monnaies sont égaux ; elles éliminent donc les différences de niveaux de prix entre les pays. Lorsque des dépenses entrant dans le calcul du PIB de différents pays sont converties dans une monnaie commune à l'aide des PPA, elles sont en fait exprimées à l'aide du même ensemble de prix, de sorte que les écarts entre pays ne reflètent que des différences des volumes de biens et de services achetés.
- Les données relatives aux pays de l'OCDE proviennent des *Statistiques de l'OCDE sur les comptes nationaux* (base de données) *http://dx.doi.org/10.1787/na-ana-data-fr*, et des *Perspectives économiques de l'OCDE* (OCDE, 2014), « Perspectives économiques de l'OCDE n° 95 », *Perspectives économiques de l'OCDE : statistiques et projections* (base de données), *http://dx.doi.org/ 10.1787/data-00688-fr*. Les données relatives aux BRIICS proviennent de la Banque mondiale (Indicateurs du développement dans le monde, Banque mondiale, Washington, DC, *http://donnees.banquemondiale.org/*).

Données en ligne

Une base de sonnées et d'indicateurs environnementaux contenant des séries chronologiques plus longues que dans la présente publication est consultable en ligne : *http://dx.doi.org/10.1787/env-data-fr*. Voici la liste des ensembles de données disponibles :

- Émissions de gaz à effet de serre : *http://dx.doi.org/10.1787/data-00594-fr*.
- Émissions de polluants de l'air : *http://dx.doi.org/10.1787/data-00598-fr*.
- Émissions atmosphériques et de gaz à effet de serre par industrie *http:/dx.doi.org/10.1787/data-00735-fr*.
- Émissions de CO_2 dues à la combustion d'énergie : *http://dx.doi.org/10.1787/co2-data-en*.
- Espèces menacées : *http://dx.doi.org/10.1787/data-00605-fr*.

- Ressources forestières : *http://dx.doi.org/10.1787/data-00600-fr*.
- Déchets municipaux : *http://dx.doi.org/10.1787/data-00601-fr*.
- Prélèvements d'eau douce : *http://dx.doi.org/10.1787/data-00602-fr*.
- Ressources en eau douce : *http://dx.doi.org/10.1787/data-00603-fr*.
- Traitement des eaux usées : *http://dx.doi.org/10.1787/data-00604-fr*.
- Instruments des politiques environnementales : *http://dx.doi.org/10.1787/data-00696-fr*.

Site Internet

- Données et indicateurs de l'environnement de l'OCDE : *www.oecd.org/env/indicators*.
- Indicateurs d'environnement de l'OCDE, profils par pays : *www.oecd.org/site/envind*.

Pour en savoir plus

La plupart des sections proposent des références aux lecteurs qui souhaitent en savoir plus.

On trouvera des informations complémentaires concernant l'ensemble des sections dans les ouvrages suivants :

- OCDE (2014), « Green Growth Indicators », *Études de l'OCDE sur la croissance verte*, Éditions OCDE, Paris, *http://dx.doi.org/10.1787/9789264202030-en*.
- OCDE (2014), *Panorama des statistiques de l'OCDE 2014 : Economie, environnement et société*, Éditions OCDE, Paris, *http://dx.doi.org/10.1787/factbook-2014-fr*.
- OCDE (2012), *Perspectives de l'environnement de l'OCDE à l'horizon 2050 : Les conséquences de l'inaction*, Éditions OCDE, Paris, *http://dx.doi.org/10.1787/env_outlook-2012-fr*.

Conventions et abréviations

Symboles

Les symboles suivants sont utilisés dans les graphiques et les tableaux :

... : non disponible.

0 : nul ou négligeable.

. : point décimal.

x : sans objet.

Regroupements de pays

OCDE Amérique	Cette zone comprend les pays membres de l'OCDE suivants : Canada, Chili[1], États-Unis et Mexique.
OCDE Europe	Tous les pays européens de l'OCDE : Allemagne, Autriche, Belgique, Danemark, Espagne, Estonie[1], Finlande, France, Grèce, Hongrie, Irlande, Islande, Italie, Luxembourg, Norvège, Pays-Bas, Pologne, Portugal, République slovaque, République tchèque, Royaume-Uni, Slovénie[1], Suède, Suisse et Turquie.
OCDE Asie-Océanie	Cette zone comprend les pays membres de l'OCDE suivants : Australie, Corée, Israël[1], Japon et Nouvelle-Zélande.
OCDE	Cette zone comprend tous les pays membres de l'OCDE, c'est-à-dire les pays de l'OCDE Amérique, de l'OCDE Asie-Océanie et de l'OCDE Europe.
BRIICS	Brésil, Fédération de Russie, Inde, Indonésie, Chine, Afrique du Sud.

Les regroupements de pays peuvent comprendre des estimations du Secrétariat.

1. Le Chili est membre de l'OCDE depuis le 7 mai 2010, la Slovénie depuis le 21 juillet 2010, l'Estonie depuis le 9 décembre 2010 et Israël depuis le 7 septembre 2010.

Codes pays

AUS	Australie	FRA	France	NLD	Pays-Bas
AUT	Autriche	GBR	Royaume-Uni	NZL	Nouvelle-Zélande
BEL	Belgique	GRC	Grèce	NOR	Norvège
CAN	Canada	HUN	Hongrie	POL	Pologne
CHE	Suisse	ISL	Islande	PRT	Portugal
CHL	Chili	IRL	Irlande	SVK	République slovaque
CZE	République tchèque	ITA	Italie	SVN	Slovénie
DEU	Allemagne	ISR	Israël	SWE	Suède
DNK	Danemark	JPN	Japon	TUR	Turquie
ESP	Espagne	KOR	Corée	USA	États-Unis
EST	Estonie	LUX	Luxembourg		
FIN	Finlande	MEX	Mexique	EU	Union européenne

Abréviations

µg	Microgramme
AEE	Agence européenne pour l'environnement
AIE	Agence internationale de l'énergie
APD	Aide publique au développement
ATEP	Approvisionnements totaux en énergie primaire
CAD	Comité d'aide au développement (OCDE)
CBPRD	Crédits budgétaires publics de recherche-développement
CCNUCC	Convention-cadre des Nations Unies sur les changements climatiques
CDDA	Common database on designated areas (AEE)
CEE-ONU	Commission économique pour l'Europe des Nations Unies
CFC	Chlorofluorocarbones
CH_4	Méthane
CIEM	Conseil international pour l'exploration de la mer
CITI	Classification internationale type, par industrie, de toutes les branches d'activité économique
CO_2	Dioxyde de carbone
DBO	Demande biochimique en oxygène
DCO	Demande chimique en oxygène
DSNU	Division de statistique des Nations Unies
EMEP	Programme concerté de surveillance continue et d'évaluation du transport à longue distance des polluants atmosphériques en Europe
éq. CO_2	Équivalent dioxyde de carbone
FAO	Organisation des Nations Unies pour l'alimentation et l'agriculture
GES	Gaz à effet de serre
GIEC	Groupe d'experts intergouvernemental sur l'évolution du climat
ha	Hectare
hab.	Habitant
HFC	Hydrofluorocarbones
m^3	Mètre cube
Mt	Million de tonnes
Mtep	Million de tonnes d'équivalent pétrole
N	Azote
NO_X	Oxydes d'azote
NO_2	Dioxyde d'azote
N_2O	Hémioxyde d'azote
OMM	Organisation météorologique mondiale
OMS	Organisation mondiale de la santé
P	Phosphore
PFC	Perfluorocarbones
PIB	Produit intérieur brut
PM	Particules
$PM_{2.5}$	Particules fines de diamètre inférieur à 2.5 microns

PM_{10}	Particules de diamètre inférieur à 10 microns
PNUE	Programme des Nations Unies pour l'environnement
PPA	Parités de pouvoir d'achat
RNB	Revenu national brut
RSPB	Royal Society for the Protection of Birds (Royaume-Uni)
SF_6	Hexafluorure de soufre
SO_x	Oxydes de soufre
SO_2	Dioxyde de soufre
t	Tonne
TEEB	L'économie des écosystèmes et de la biodiversité
tep	Tonne d'équivalent pétrole
UICN	Union internationale pour la conservation de la nature
USD	Dollar des États-Unis
WCMC	Centre mondial de surveillance continue de la conservation de la nature (PNUE)
WDPA	World database on protected areas (PNUE)
WWAP	Programme mondial pour l'évaluation des ressources en eau

1. TENDANCES ENVIRONNEMENTALES

Émissions de gaz à effet de serre (GES)

Émissions de dioxyde de carbone (CO_2)

Émissions d'oxydes de soufre (SO_X) et d'oxydes d'azote (NO_X)

Émissions de particules et exposition de la population

Utilisation des ressources en eau douce

Tarification de l'approvisionnement public en eau

Traitement des eaux usées

Diversité biologique

Utilisation des ressources forestières

Utilisation des ressources halieutiques

Déchets municipaux

Émissions de gaz à effet de serre (GES)

Les émissions de gaz à effet de serre (GES) d'origine humaine perturbent l'équilibre énergétique radiatif du système formé par la Terre et l'atmosphère. Elles amplifient l'effet de serre naturel, avec à la clé des modifications des températures et d'autres conséquences pour le climat mondial. Les changements d'affectation des terres et la foresterie influent également sur les quantités de GES qui sont captées ou au contraire libérées par les puits de carbone.

Le changement climatique est préoccupant pour son impact sur les écosystèmes (biodiversité), les établissements humains et l'agriculture, mais aussi sur l'ampleur et la fréquence des épisodes météorologiques extrêmes. Il risque d'affecter le bien-être humain et les activités socio-économiques, et par conséquent les résultats économiques mondiaux.

Définitions

Les indicateurs présentés ici concernent la somme des émissions de six GES qui influencent directement la modification du climat et sont considérés comme responsables de la majeure partie du réchauffement de la planète : dioxyde de carbone (CO_2), méthane (CH_4), hémioxyde d'azote (N_2O), hydrofluorocarbones (HFC), perfluorocarbones (PFC) et hexafluorure de soufre (SF_6).

Ils montrent les émissions brutes en équivalents CO_2 et les intensités d'émission par unité de PIB et par habitant, ainsi que leur variation. Ils représentent les émissions de GES produites sur le territoire national, à l'exclusion des émissions et des absorptions de CO_2 liées aux changements d'affectation des terres et à la foresterie. Les transactions internationales sur des unités de réduction des émissions ou la réduction certifiée des émissions sont ignorées.

Ces indicateurs doivent être mis en relation avec les émissions de CO_2, l'intensité énergétique ainsi que les prix et la fiscalité de l'énergie. Pour les interpréter, il importe de tenir compte de la structure des approvisionnements énergétiques des différents pays et des facteurs climatiques.

Comparabilité

Les données relatives aux émissions de GES sont communiquées chaque année au Secrétariat de la CCNUCC, mais pas par l'ensemble des pays de l'OCDE, et 1990 est l'année de référence. Le degré de comparabilité de ces données est bon. Le niveau élevé des émissions par rapport au PIB en Estonie s'explique par la production d'électricité à partir d'huile de schiste, qui est un combustible à fort facteur d'émission de carbone. Au Luxembourg, le niveau élevé des émissions par habitant tient au fait que les carburants sont moins taxés dans ce pays que dans les pays voisins, ce qui incite de nombreux automobilistes étrangers à venir y faire le plein. Dernière année disponible : les années antérieures à 2009 n'ont pas été prises en compte. Le total OCDE ne comprend pas Israël.

Voir les notes complémentaires en annexe.

En bref

Les émissions mondiales de GES ont doublé depuis le début des années 70, principalement du fait de la croissance économique et du recours accru aux énergies fossiles dans les pays en développement. Les pays de l'OCDE sont traditionnellement à l'origine de la majeure partie des émissions mondiales de GES, mais la part des BRIICS dans ces émissions a augmenté pour dépasser 40 %. Le CO_2 détermine la tendance générale. Avec le CH_4 et le N_2O, il représente quelque 98 % des émissions de GES.

Ces dernières années, les émissions ont baissé dans quasiment tous les pays de l'OCDE. Depuis 2008, elles ont diminué de près de 5 % dans la zone OCDE. Cela tient en partie au ralentissement de l'activité économique dans le sillage de la crise de 2008, mais aussi au renforcement des politiques climatiques et à l'évolution des modes de consommation d'énergie. Par conséquent, les intensités d'émission par unité de PIB et par habitant ont diminué dans quasiment tous les pays de l'OCDE entre 2000 et 2012, signe d'un découplage fort entre ces émissions et la croissance économique dans l'ensemble.

La baisse des émissions nationales peut également être due à la délocalisation de certaines productions et des émissions correspondantes. Par conséquent, les données qui font apparaître un découplage peuvent donner une image tronquée de la réalité.

Les progrès varient sensiblement d'un pays de l'OCDE à l'autre. Cela s'explique en partie par des différences de composition et de croissance économique, de croissance démographique, de dotation en ressources énergétiques et des mesures prises pour réduire les émissions de différentes sources. Aujourd'hui, les émissions par habitant vont de 6 à 24 tonnes et elles ont varié entre +32 % et -29 % depuis 2000.

Source

OCDE (2014), « Émissions de gaz à effet de serre par source », Statistiques de l'OCDE sur l'environnement (base de données), *http://dx.doi.org/10.1787/data-00594-fr*.

Pour en savoir plus

CCNUCC (2014), Greenhouse Gas Inventory Data, *http://unfccc.int/ghg_data/items/3800.php*.

OCDE (2015), *Aligning Policies for a Low-Carbon Economy*, Éditions OCDE, Paris, *http://dx.doi.org/10.1787/9789264233294-en*.

OCDE (2012), *Perspectives de l'environnement de l'OCDE à l'horizon 2050: Les conséquences de l'inaction*, Éditions OCDE Publishing, Paris, *http://dx.doi.org/10.1787/env_outlook-2012-fr*.

Informations sur les données concernant Israël : *http://dx.doi.org/10.1787/888932315602*.

Graphique 1.1. **Intensités d'émission de gaz à effet de serre, par habitant, 2012**

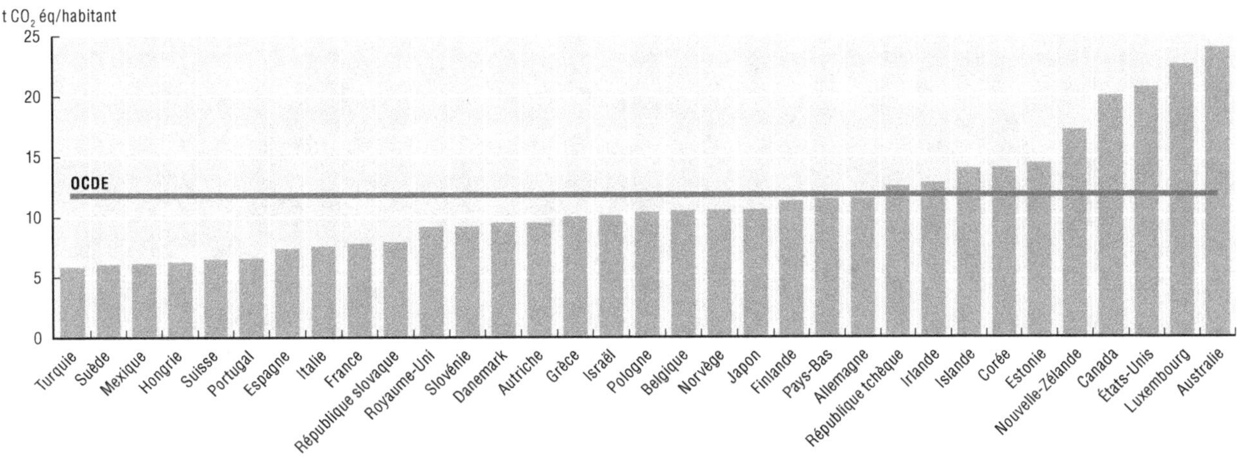

Source : OCDE (2014), « Émissions de gaz à effet de serre par source », *Statistiques de l'OCDE sur l'environnement* (base de données) ; CCNUCC (2014), Greenhouse Gas Inventory Data.

StatLink http://dx.doi.org/10.1787/888933364882

Tableau 1.1. **Émissions et intensités d'émission de gaz à effet de serre**

Pays	Total GHG emissions			Intensités d'émission de GES				PIB
	Millions de tonnes d'équivalent CO_2	Variation en %		Par unité de PIB		Par habitant		Variation en %
				t/1 000 USD	Variation en %	t/hab	Variation en %	
	2012	1990-2012	2000-12	2012	2000-12	t/cap 2012	2000-12	2000-12
Allemagne	939	-25	-10	0.32	-21	11	-9	14
Australie	544	31	11	0.62	-23	24	-7	44
Autriche	80	3	0	0.25	-17	10	-5	21
Belgique	117	-18	-20	0.31	-32	10	-26	18
Canada	699	18	-3	0.54	-24	20	-15	27
Chili	..	..	..	..	..	..	..	68
Corée	698	136	36	0.47	-15	14	29	63
Danemark	53	-24	-24	0.29	-29	9	-28	8
Espagne	341	20	-10	0.27	-26	7	-22	21
Estonie	19	-53	12	0.77	-29	14	16	58
États-Unis	6 488	4	-8	0.46	-25	21	-18	22
Finlande	61	-13	-12	0.34	-26	11	-16	20
France	496	-11	-12	0.24	-24	8	-18	16
Grèce	111	6	-12	0.47	-14	10	-14	1
Hongrie	62	-36	-19	0.36	-34	6	-17	22
Irlande	59	6	-14	0.34	-34	13	-29	31
Islande	4	26	14	0.38	-15	14	1	35
Israël	78	..	8	0.35	-25	10	-12	49
Italie	460	-11	-17	0.28	-17	8	-22	1
Japon	1 343	9	0	0.34	-8	11	0	9
Luxembourg	12	-8	21	0.33	-9	23	1	33
Mexique	701	53	24	0.48	3	6	10	30
Norvège	53	5	-2	0.22	-19	11	-13	21
Nouvelle Zélande	76	25	7	0.65	-21	17	-7	35
Pays-Bas	192	-10	-10	0.29	-21	11	-14	15
Pologne	399	-14	1	0.56	-36	10	0	56
Portugal	69	13	-18	0.30	-20	7	-20	2
République slovaque	43	-42	-13	0.37	-48	8	-13	67
République tchèque	131	-33	-10	0.51	-35	13	-12	38
Royaume-Uni	584	-25	-16	0.27	-31	9	-22	21
Slovénie	19	3	0	0.37	-22	9	-4	27
Suède	58	-21	-16	0.17	-33	6	-22	26
Suisse	51	-3	-1	0.15	-20	6	-10	24
Turquie	440	133	48	0.43	-9	6	32	62
OCDE	**15 506**	**5**	**-4**	**0.39**	**-21**	**12**	**-11**	**22**
OCDE Amérique	8 000	10	-5	0.46	-23	17	-15	24
OCDE Asie-Océanie	2 654	30	10	0.41	-11	13	6	24
OCDE Europe	4 853	-11	-8	0.31	-23	9	-13	19

Note : Voir les notes par pays à l'annexe.
Source : OCDE (2014), « Émissions de gaz à effet de serre par source », *Statistiques de l'OCDE sur l'environnement* (base de données) ; CCNUCC (2014), Greenhouse Gas Inventory Data.

StatLink http://dx.doi.org/10.1787/888933365454

Graphique 1.2. **Émissions de gaz à effet de serre par gaz, 2012**

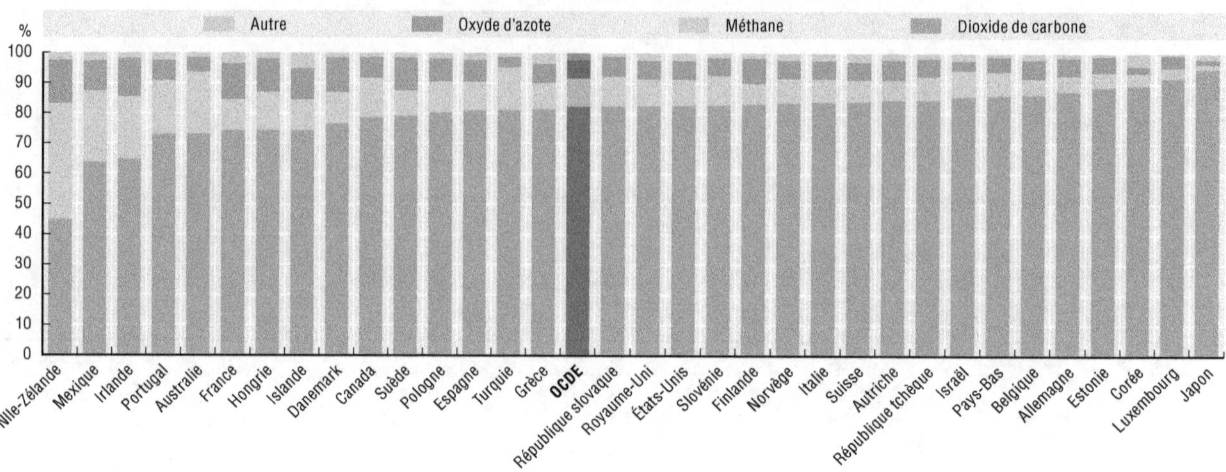

Source : OCDE (2014), « Émissions de gaz à effet de serre par source », *Statistiques de l'OCDE sur l'environnement* (base de données) ; CCNUCC (2014), Greenhouse Gas Inventory Data.

StatLink http://dx.doi.org/10.1787/888933364897

Graphique 1.3. **Niveaux des émissions de gaz à effet de serre**

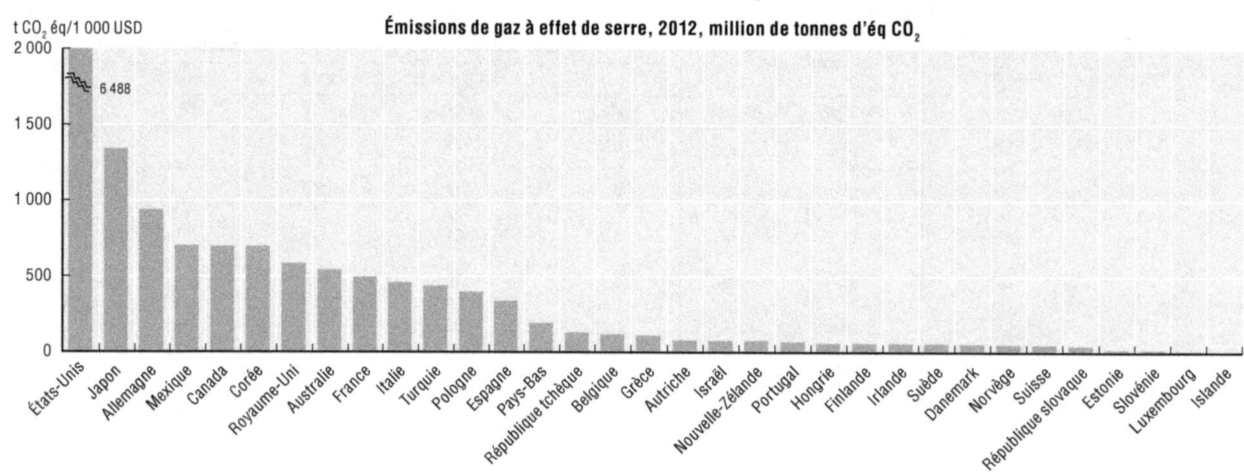

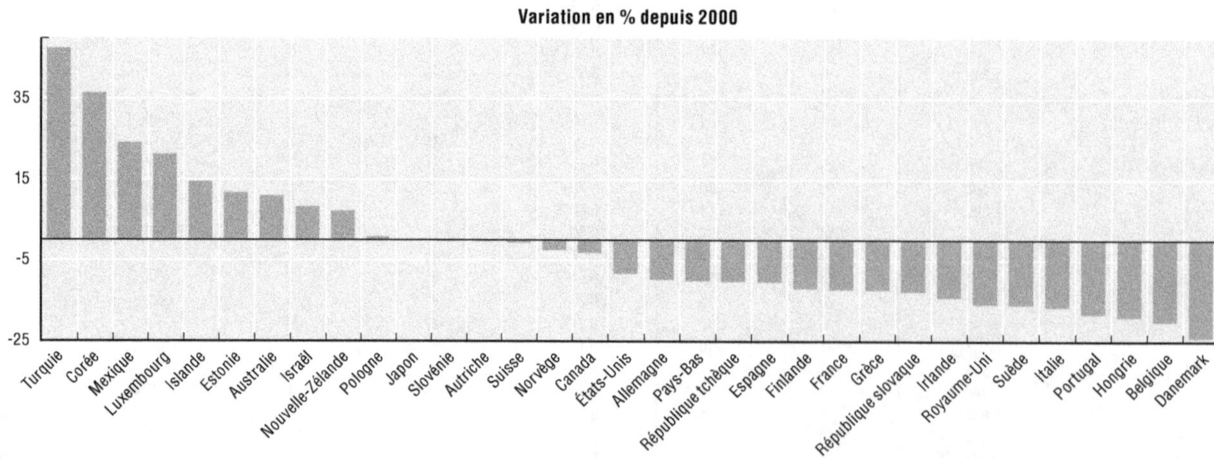

Source : OCDE (2014), « Émissions de gaz à effet de serre par source », *Statistiques de l'OCDE sur l'environnement* (base de données) ; CCNUCC (2014), Greenhouse Gas Inventory Data.

StatLink http://dx.doi.org/10.1787/888933364907

Graphique 1.4. **Intensités d'émission de gaz à effet de serre, par unité de PIB, 2012**

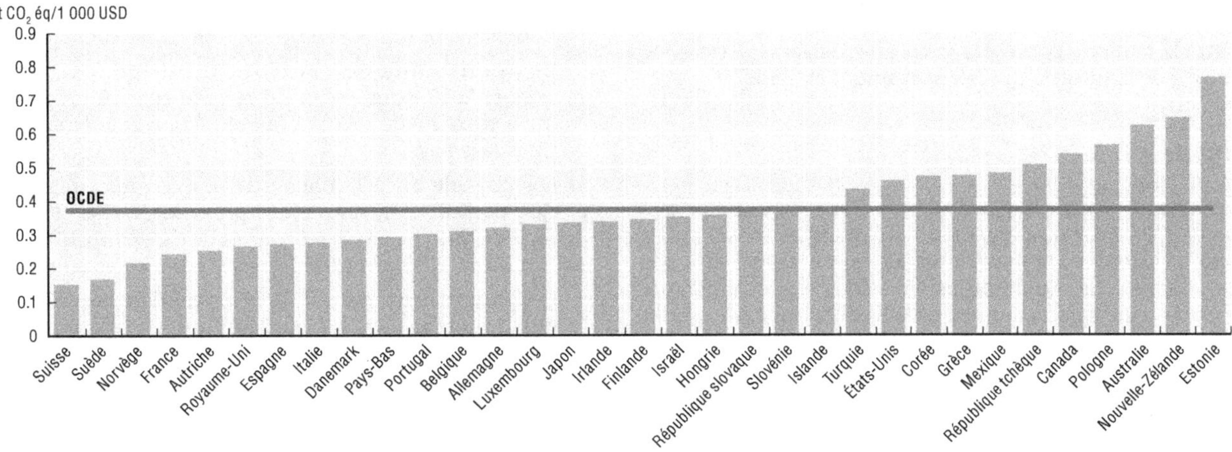

Source : OCDE (2014), « Émissions de gaz à effet de serre par source », *Statistiques de l'OCDE sur l'environnement* (base de données) ; CCNUCC (2014), Greenhouse Gas Inventory Data.

StatLink http://dx.doi.org/10.1787/888933364919

Graphique 1.5. **Variation des intensités d'émission de gaz à effet de serre depuis 2000**

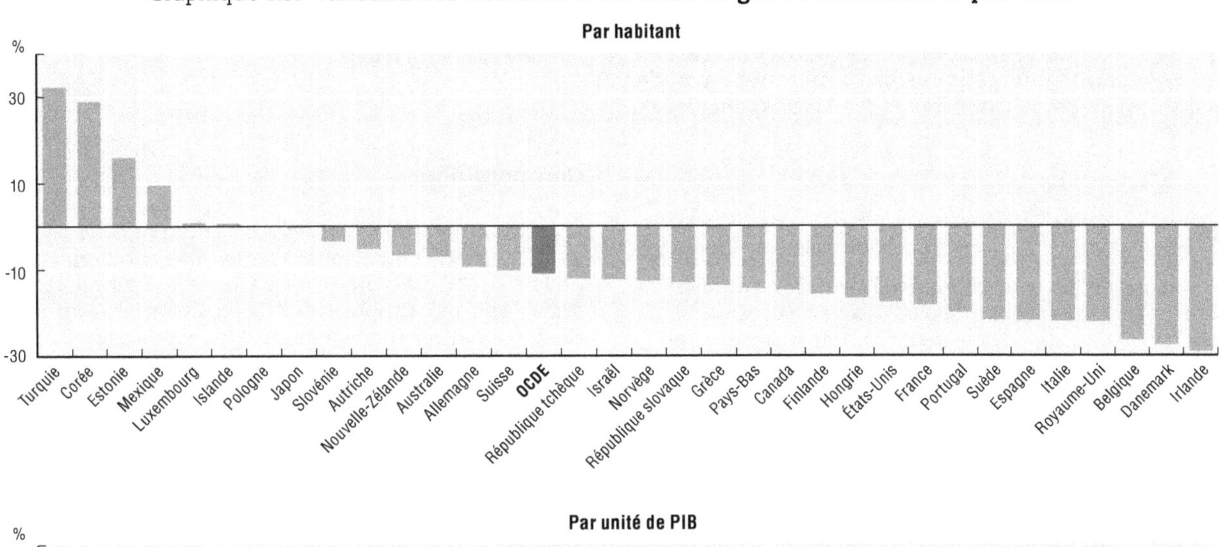

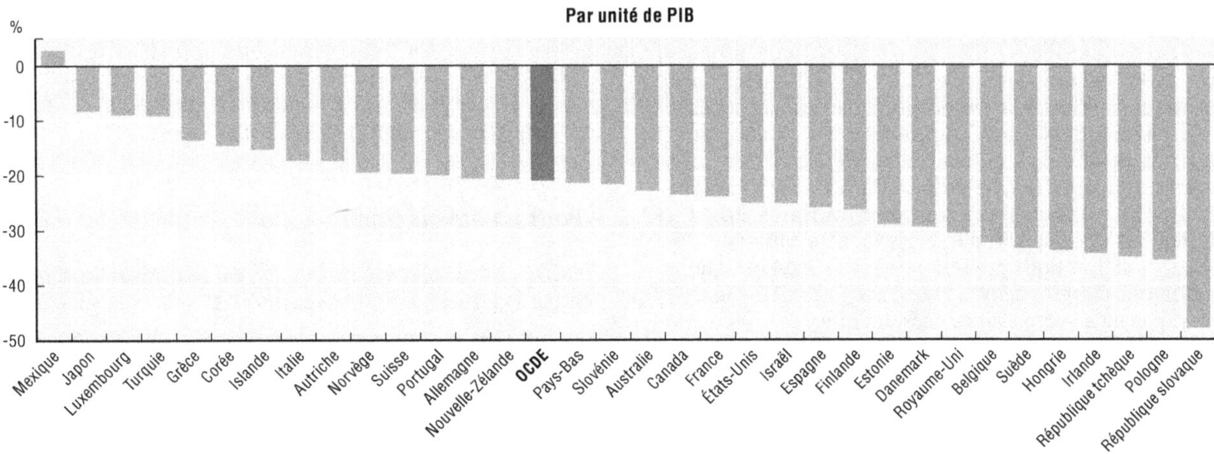

Source : OCDE (2014), « Émissions de gaz à effet de serre par source », *Statistiques de l'OCDE sur l'environnement* (base de données) ; CCNUCC (2014), Greenhouse Gas Inventory Data.

StatLink http://dx.doi.org/10.1787/888933364926

Émissions de dioxyde de carbone (CO_2)

Le dioxyde de carbone (CO_2) libéré par la combustion d'énergies fossiles et de biomasse aux fins de production d'énergie contribue largement à l'amplification de l'effet de serre. Il représente la majeure partie des gaz à effet de serre. C'est donc un enjeu clé de la lutte contre le changement climatique.

Définitions

Les indicateurs présentés ici portent sur les émissions brutes directes de CO_2 dues à la combustion d'énergies fossiles. Les émissions anthropiques provenant d'autres sources ne sont pas prises en compte. Ils montrent les émissions totales ainsi que les intensités d'émission par unité de PIB et par habitant, et leur variation.

Les émissions provenant des soutages maritimes et aéronautiques internationaux sont ignorées au niveau national, mais prises en compte au niveau mondial.

Les absorptions de CO_2 par les puits sont ignorées, tout comme les émissions indirectes dues aux changements d'affectation des terres et les effets indirects des interactions dans l'atmosphère.

Cet indicateur doit être mis en relation avec les émissions de gaz à effet de serre (GES) totales, l'intensité énergétique, les prix de l'énergie et les concentrations atmosphériques de GES. Pour l'interpréter, il faut tenir compte de la structure des approvisionnements énergétiques des différents pays, de l'importance des énergies renouvelables et des facteurs climatiques.

En bref

Les émissions de CO_2 par l'utilisation d'énergie continuent d'augmenter dans beaucoup de pays et au niveau mondial, suivant leur hausse dans les secteurs des transports et de la transformation de l'énergie. Les émissions mondiales de CO_2 liées à l'énergie ont atteint en 2013 le niveau record de 32.2 milliards de tonnes, et elles représentaient en 2010 les trois quarts des émissions mondiales de GES. En cas de politiques inchangées, elles devraient dépasser 50 milliards de tonnes en 2050, soit environ trois fois le volume à ne pas dépasser pour éviter un réchauffement mondial supérieur à 2 °C.

Depuis 1990, les émissions de CO_2 liées à l'énergie ont progressé plus lentement en moyenne dans la zone OCDE que dans le monde. Cette tendance a été accentuée par la croissance rapide des émissions dans les économies émergentes. Aujourd'hui, les pays de l'OCDE sont à l'origine de moins de 40 % des émissions mondiales de CO_2 produites par l'utilisation d'énergie, contre plus de 50 % en 1990. Les estimations préliminaires pour 2014 indiquent un tassement du taux de croissance des émissions de CO_2 qui n'est pas lié à la croissance économique.

Depuis 2000, les émissions totales de CO_2 en rapport avec l'énergie ont diminué ou progressé moins vite que la croissance économique dans l'OCDE, ce qui tient aux modifications structurelles dans l'industrie et les approvisionnements énergétiques, ainsi qu'à l'amélioration de l'efficacité énergétique des processus de production.

Dans plus de la moitié des pays de l'OCDE, le découplage a été absolu, puisque les émissions ont baissé depuis 2000.

Les émissions ont surtout diminué à la fin des années 2000, sous l'effet de la crise économique de 2008 qui a entraîné un recul de la production économique dans plusieurs pays.

Les pays de l'OCDE affichent toujours des émissions de CO_2 par habitant nettement plus élevées que les autres régions de la planète : 9.6 tonnes de CO_2 par habitant dans l'OCDE en 2013, contre 3.4 tonnes dans le reste du monde.

Les progrès des pays de l'OCDE en matière de stabilisation des émissions sont très disparates. Aujourd'hui, les émissions par habitant vont de 4 à 18 tonnes et leur variation depuis 2000 s'échelonne de +48 % à -33 %.

Les émissions de CO_2 liées à l'énergie continuent d'augmenter dans la région OCDE Asie-Océanie. Cela tient en partie à la production et à la consommation d'énergie, et au fait que les prix de l'énergie sont souvent relativement bas.

La baisse des émissions nationales peut aussi être liée à la délocalisation de certaines productions et des émissions correspondantes. Par conséquent, les données qui font apparaître un découplage par rapport à la croissance économique ou démographique peuvent donner une image tronquée de la réalité.

Comparabilité

Les estimations sont notamment tributaires de la qualité des données énergétiques sous-jacentes, mais la comparabilité entre pays est généralement assez bonne. Le niveau élevé des émissions par rapport au PIB en Estonie s'explique par la production d'électricité à partir d'huile de schiste, à fort facteur d'émission de carbone. Au Luxembourg, le niveau élevé des émissions par habitant tient au fait que les carburants sont moins taxés que dans les pays voisins, ce qui incite de nombreux automobilistes étrangers à venir y faire le plein.

Source

AIE (2015), « CO_2 emissions by product and flow », *IEA CO_2 Emissions from Fuel Combustion Statistics* (base de données), *http://dx.doi.org/10.1787/data-00430-en.*

Pour en savoir plus

OCDE (2015), *Aligning Policies for a Low-Carbon Economy*, Éditions OCDE, Paris, *http://dx.doi.org/10.1787/9789264233294-en.*

OCDE (2013), *Panorama des régions de l'OCDE 2013*, Éditions OCDE, Paris, *http://dx.doi.org/10.1787/reg_glance-2013-fr.*

OCDE (2012), *Perspectives de l'environnement de l'OCDE à l'horizon 2050: Les conséquences de l'inaction*, Éditions OCDE, Paris, *http://dx.doi.org/10.1787/env_outlook-2012-fr.*

Informations sur les données concernant Israël : *http://dx.doi.org/10.1787/888932315602.*

Graphique 1.6. **Intensités d'émission de CO_2, par habitant, 2013**

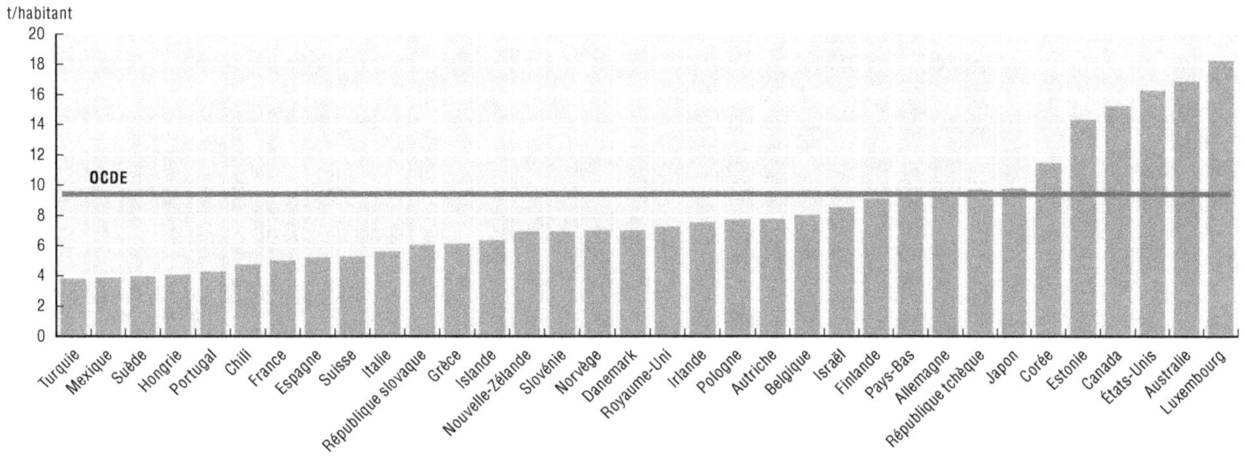

Source : AIE (2015), « CO_2 Emissions by Product and Flow », *IEA CO_2 Emissions from Fuel Combustion Statistics* (base de données).

StatLink http://dx.doi.org/10.1787/888933364934

Tableau 1.2. **Émissions et intensités d'émission de CO_2**

Pays	Émissions de CO_2 produites par l'utilisation d'énergie							PIB
	Total			Intensités par unité de PIB			Intensités par habitant	
	Mt	Évolution en %		T/1 000 USD	Évolution en %		T/hab.	Évolution en %
	2013	1990-2013	2000-13	2013	2000-13	2013	2000-13	2000-13
Allemagne	760	-19	-6	0.26	-18	9	-5	14
Australie	389	50	16	0.43	-21	17	-4	48
Autriche	65	16	6	0.21	-13	8	0	21
Belgique	89	-16	-22	0.24	-34	8	-28	18
Canada	536	28	4	0.40	-20	15	-10	29
Chili	82	179	69	0.28	-3	5	48	74
Corée	572	147	33	0.37	-21	11	24	68
Danemark	39	-24	-24	0.21	-29	7	-27	7
Espagne	236	16	-15	0.19	-29	5	-26	20
Estonie	19	-48	30	0.74	-19	14	36	60
États-Unis	5 120	7	-9	0.35	-27	16	-19	25
Finlande	49	-8	-10	0.28	-23	9	-14	18
France	316	-9	-13	0.15	-25	5	-20	16
Grèce	69	-1	-22	0.31	-20	6	-25	-3
Hongrie	40	-40	-26	0.22	-40	4	-23	24
Irlande	34	14	-16	0.20	-36	7	-31	31
Islande	2	7	-6	0.17	-33	6	-18	40
Israël	68	108	24	0.29	-19	8	-3	54
Italie	338	-13	-20	0.21	-19	6	-25	-1
Japon	1 235	18	7	0.30	-4	10	6	11
Luxembourg	10	-9	21	0.27	-11	18	-2	36
Mexique	452	74	31	0.28	0	4	12	32
Norvège	35	29	10	0.14	-9	7	-2	22
Nouvelle-Zélande	31	41	6	0.25	-23	7	-8	39
Pays-Bas	156	8	-1	0.24	-13	9	-6	14
Pologne	292	-15	1	0.41	-36	8	1	59
Portugal	45	19	-22	0.20	-23	4	-25	1
République slovaque	32	-41	-12	0.27	-48	6	-13	70
République tchèque	101	-33	-17	0.39	-39	10	-19	37
Royaume-Uni	449	-18	-14	0.20	-30	7	-19	23
Slovénie	14	6	2	0.28	-19	7	-3	26
Suède	38	-28	-28	0.11	-43	4	-33	28
Suisse	42	2	-1	0.12	-21	5	-11	26
Turquie	284	123	41	0.27	-17	4	25	69
OCDE	**12 038**	**9**	**-3**	**0.30**	**-22**	**10**	**-11**	**24**
OCDE Amérique	6 190	12	-6	0.35	-25	13	-17	27
OCDE Asie-Océanie	2 295	44	14	0.33	-10	11	9	27
OCDE Europe	3 553	-9	-9	0.23	-24	6	-14	20
Monde	**32 200**	**54**	**36**	**0.57**	**-2**	**4**	**16**	**39**

Note : Voir les notes par pays à l'annexe.
Source : AIE (2015), « CO_2 Emissions by Product and Flow », *IEA CO_2 Emissions from Fuel Combustion Statistics* (base de données).

StatLink http://dx.doi.org/10.1787/888933365465

Graphique 1.7. **Émissions de CO_2 par source, 2013**

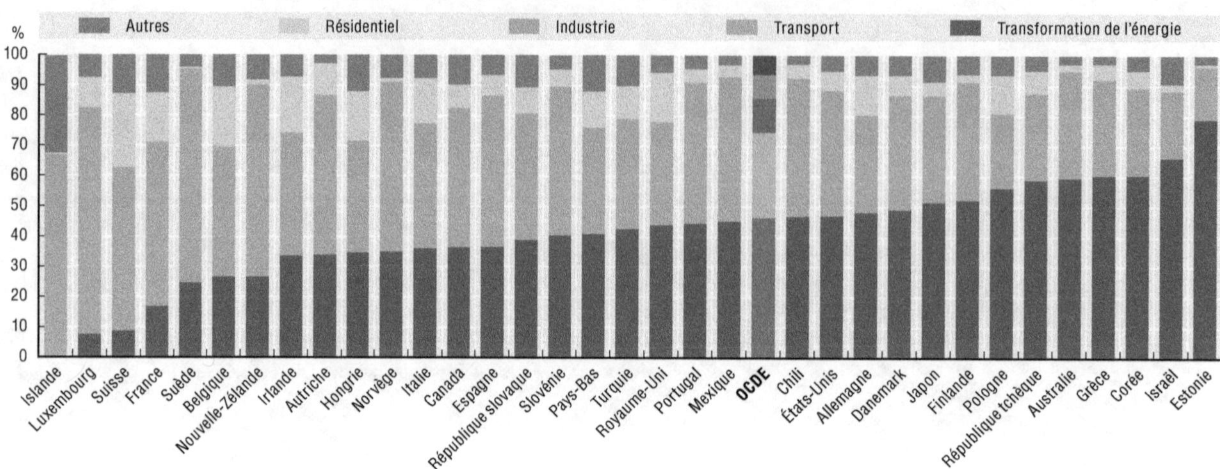

Source : AIE (2015), « CO_2 Emissions by Product and Flow », *IEA CO_2 Emissions from Fuel Combustion Statistics* (base de données).

StatLink http://dx.doi.org/10.1787/888933364947

Graphique 1.8. **Niveaux des émissions de CO_2**

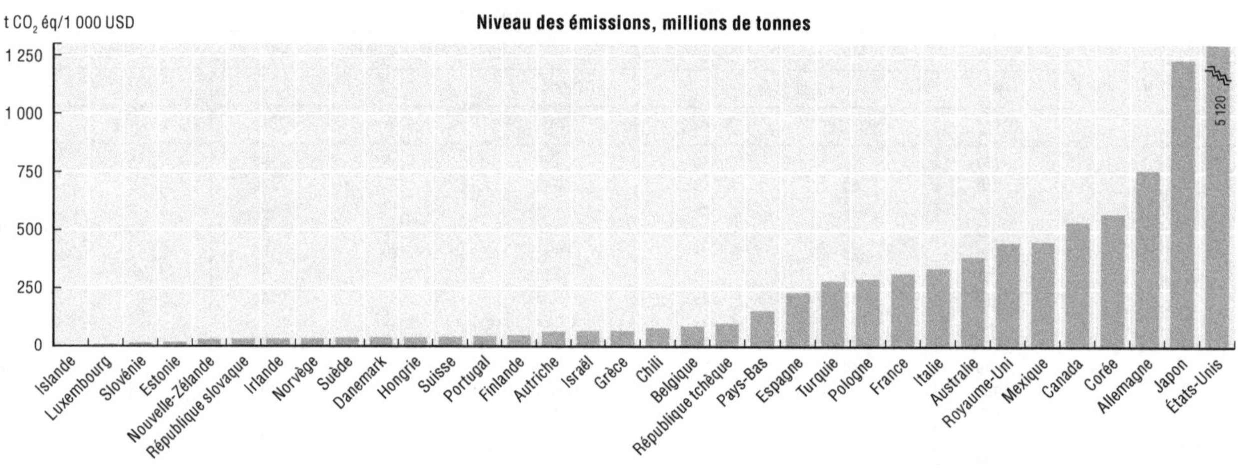

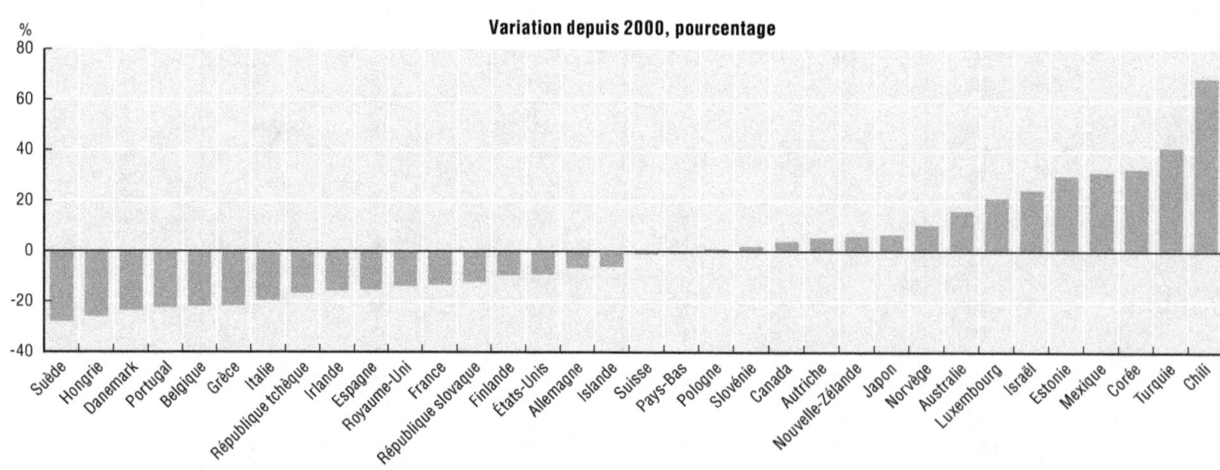

Source : AIE (2015), « CO_2 Emissions by Product and Flow », *IEA CO_2 Emissions from Fuel Combustion Statistics* (base de données).

StatLink http://dx.doi.org/10.1787/888933364958

Graphique 1.9. **Intensités d'émission de CO_2, par unité de PIB, 2013**

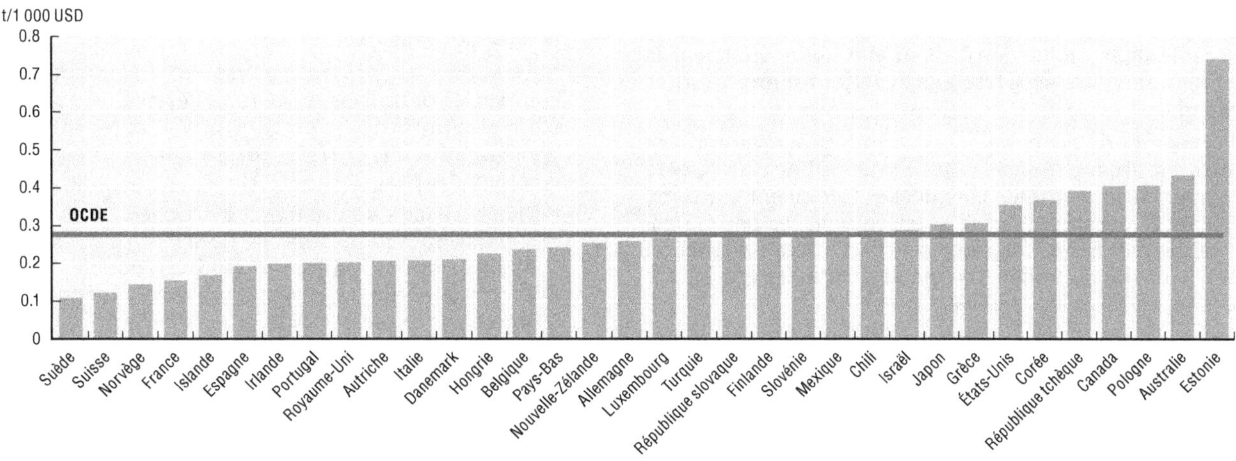

Source : AIE (2015), « CO_2 Emissions by Product and Flow », *IEA CO_2 Emissions from Fuel Combustion Statistics* (base de données).

StatLink http://dx.doi.org/10.1787/888933364967

Graphique 1.10. **Variation des intensités d'émission de CO_2 depuis 2000**

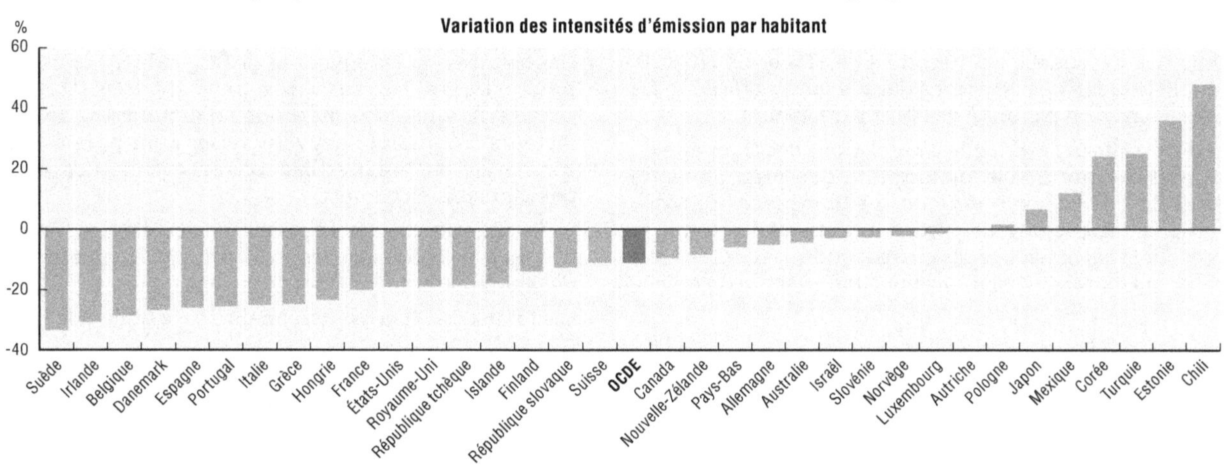

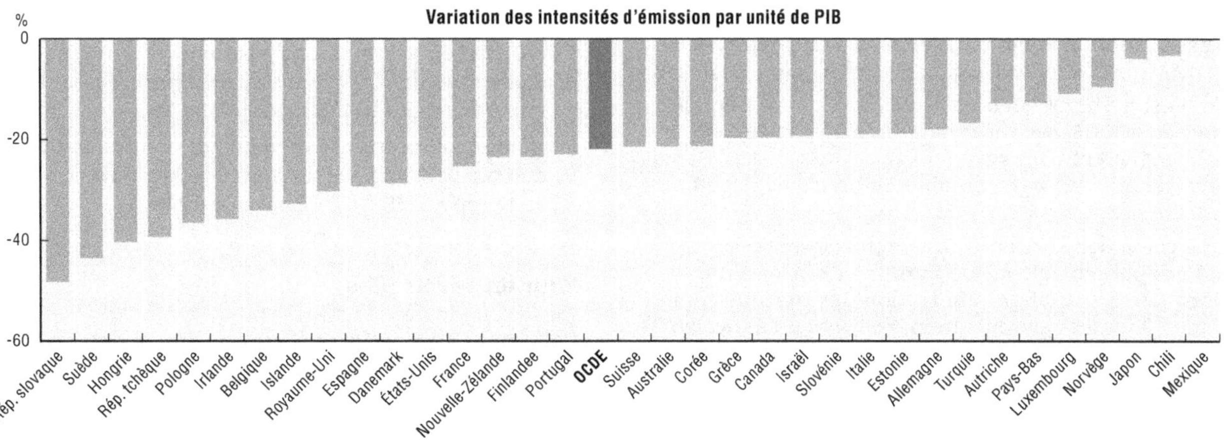

Source : AIE (2015), « CO_2 Emissions by Product and Flow », *IEA CO_2 Emissions from Fuel Combustion Statistics* (base de données).

StatLink http://dx.doi.org/10.1787/888933364978

Émissions d'oxydes de soufre (SO_X) et d'oxydes d'azote (NO_X)

Les principaux responsables de la pollution atmosphérique régionale et locale sont des polluants qui sont émis lors de la transformation de l'énergie et de sa consommation, mais aussi dans le cadre de la production industrielle. Leurs effets sur la santé humaine et les écosystèmes suscitent d'importantes préoccupations.

Dans l'atmosphère, les composés soufrés et azotés émis se transforment en substances acidifiantes telles que l'acide sulfurique et l'acide nitrique. Lorsqu'elles retombent sur terre, ces substances attaquent les sols, les eaux et les bâtiments. L'acidification des sols est un important facteur de dégradation des forêts, et celle du milieu aquatique peut nuire gravement aux espèces végétales et animales.

Les oxydes d'azote (NO_X) contribuent en outre à la formation d'ozone troposphérique, à l'eutrophisation, à la dégradation de la qualité de l'eau et à la diminution de la richesse spécifique. Ils ont également des effets dommageables sur la santé humaine, puisqu'ils provoquent des maladies respiratoires en fortes concentrations.

Définitions

Les indicateurs présentés ici concernent les émissions anthropiques totales d'oxydes de soufre (SO_X) et d'oxydes d'azote (NO_X), exprimées en quantités de SO_2 et de NO_2. Ils montrent l'évolution des émissions dans le temps ainsi que les intensités d'émission par unité de PIB et par habitant.

Il importe de garder à l'esprit que les émissions de SO_X et de NO_X ne donnent qu'une image incomplète des problèmes de pollution de l'air. Il convient de les compléter par des informations sur l'acidité des précipitations dans certaines régions et sur le dépassement des charges critiques dans les sols et les eaux, qui renseignent sur l'acidification effective du milieu.

En bref

Depuis 2000, les émissions de SO_X ont continué de baisser dans la zone OCDE, ce qui tient tout à la fois à l'évolution de la demande énergétique découlant des économies d'énergie et des substitutions interénergétiques, aux politiques de lutte contre la pollution et au progrès technique.

- L'intensité d'émission de SO_X est très variable selon les pays de l'OCDE, s'échelonnant entre 1 kg et 262 kg par habitant, et entre 0.1 kg et 7.1 kg par unité de PIB. Dans presque tous les pays, on observe un découplage fort entre ces émissions et le PIB.
- En vigueur depuis mai 2005, le Protocole de Göteborg a été adopté par les pays d'Europe et d'Amérique du Nord afin d'amplifier la réduction des précipitations acides. Tous les pays ont atteint l'objectif qu'ils avaient fixé pour 2010.

Les émissions de NO_X de la zone OCDE ont continué de diminuer depuis 2000, mais moins que celles de SO_X. Cela tient principalement à l'évolution de la demande d'énergie, aux politiques de lutte contre la pollution et au progrès technique. À la fin des années 2000, le ralentissement de l'activité économique qui a suivi la crise de 2008 a accentué le recul des émissions.

Cependant, les progrès réalisés n'ont pas permis de compenser dans tous les pays l'effet de l'accroissement ininterrompu de la circulation automobile, de la consommation d'énergies fossiles et d'autres activités émettant des NO_X.

- Plusieurs pays sont parvenus à respecter les plafonds d'émission du Protocole de Göteborg pour 2010, mais d'autres ont eu du mal. Il faudra redoubler d'efforts pour atteindre les nouveaux objectifs de réduction des émissions fixés pour 2020.
- L'intensité d'émission de NO_X est très variable selon les pays de l'OCDE, s'échelonnant entre 9 kg et 86 kg par habitant, et entre 0.2 kg et 2 kg par unité de PIB. Dans presque tous les pays de l'OCDE, il y a eu un découplage fort entre les émissions et la croissance économique depuis les années 2000.

Comparabilité

Des données sur les émissions de SO_X et de NO_X sont disponibles pour quasiment tous les pays de l'OCDE. Certaines caractéristiques des méthodes d'estimation, telles que les facteurs d'émission, peuvent varier d'un pays à l'autre, tout comme la fiabilité des estimations et l'éventail des sources et des polluants pris en compte.

Si l'Islande affiche des émissions de SO_X élevées, c'est en raison des rejets de H_2S (exprimés en SO_2) dus à l'énergie géothermique, qui ont représenté 80 % des émissions totales en 2012.

Les totaux OCDE ne comprennent pas le Chili ni le Mexique.

Voir les notes complémentaires à l'annexe.

Sources

CCNUCC (2014), Greenhouse Gas Inventory Data, *http://unfccc.int/ghg_data/items/3800.php*.

OCDE (2014), « Émissions atmosphériques par source », *Statistiques de l'OCDE sur l'environnement* (base de données), *http://dx.doi.org/10.1787/data-00598-fr*.

Programme concerté de surveillance continue et d'évaluation du transport à longue distance des polluants atmosphériques en Europe (EMEP) (2014), *www.emep.int*.

Pour en savoir plus

CEE-ONU (2014), « Convention on Long-Range Transboundary Air Pollution », *www.unece.org/env/lrtap/multi_h1.html*.

OCDE (2014), *Le coût de la pollution de l'air : Impacts sanitaires du transport routier*, Éditions OCDE, Paris, *http://dx.doi.org/10.1787/9789264220522-fr*.

Informations sur les données concernant Israël : *http://dx.doi.org/10.1787/888932315602*.

Graphique 1.11. **Variation des émissions de SO_X et de NO_X depuis 2000**

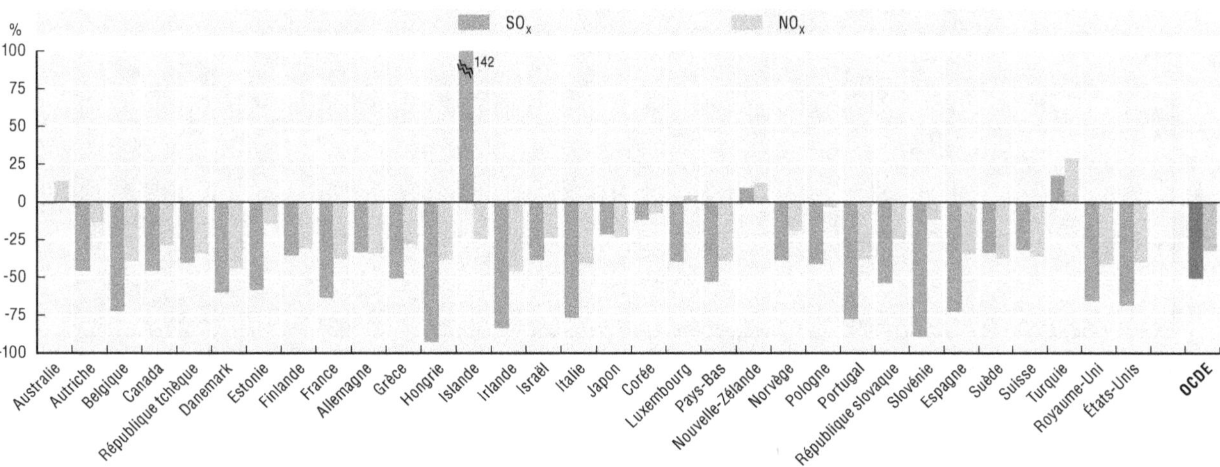

Source : OCDE (2014), « Émissions des polluants de l'air par source », *Statistiques de l'OCDE sur l'environnement* (base de données) ; Programme concerté de surveillance continue et d'évaluation du transport à longue distance des polluants atmosphériques en Europe (EMEP) (2014) ; CCNUCC (2014), Greenhouse Gas Inventory Data.

StatLink http://dx.doi.org/10.1787/888933364980

Graphique 1.12. **Intensités d'émission de SO_X et de NO_X par unité de PIB, 2012 ou dernière année disponible**

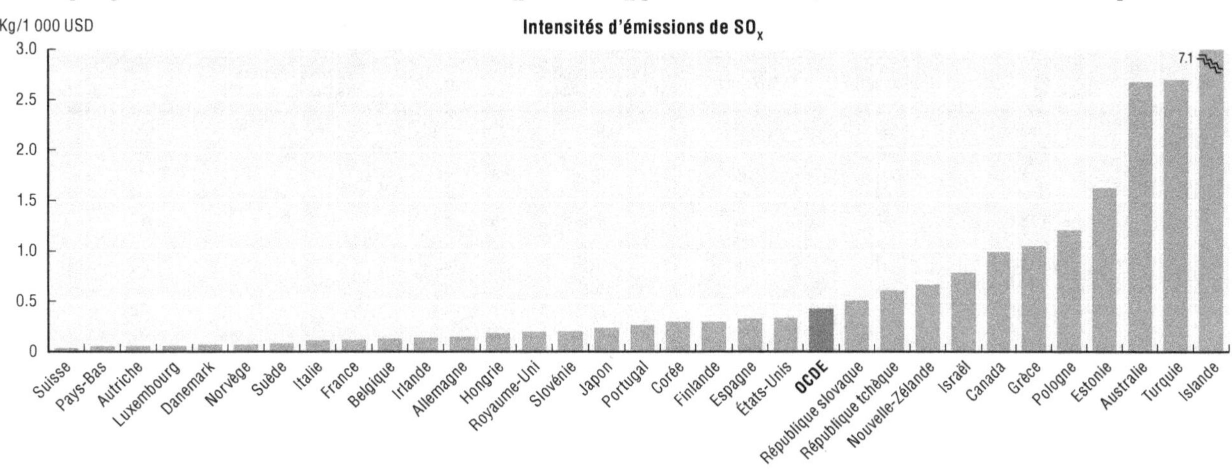

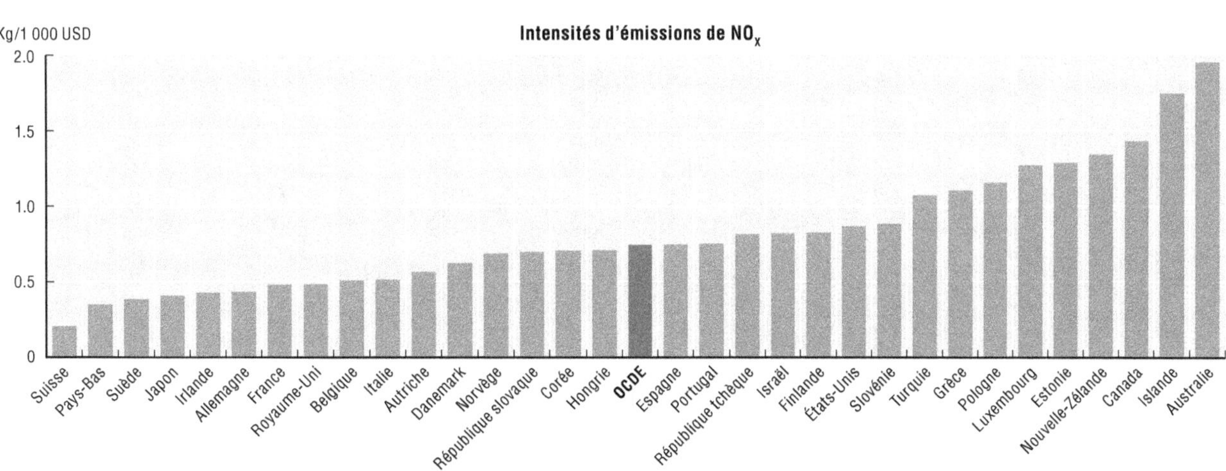

Source : OCDE (2014), « Émissions des polluants de l'air par source », *Statistiques de l'OCDE sur l'environnement* (base de données) ; Programme concerté de surveillance continue et d'évaluation du transport à longue distance des polluants atmosphériques en Europe (EMEP) (2014) ; CCNUCC (2014), Greenhouse Gas Inventory Data.

StatLink http://dx.doi.org/10.1787/888933364991

Graphique 1.13. **Intensités d'émission de SO_x par habitant, 2000, 2012**

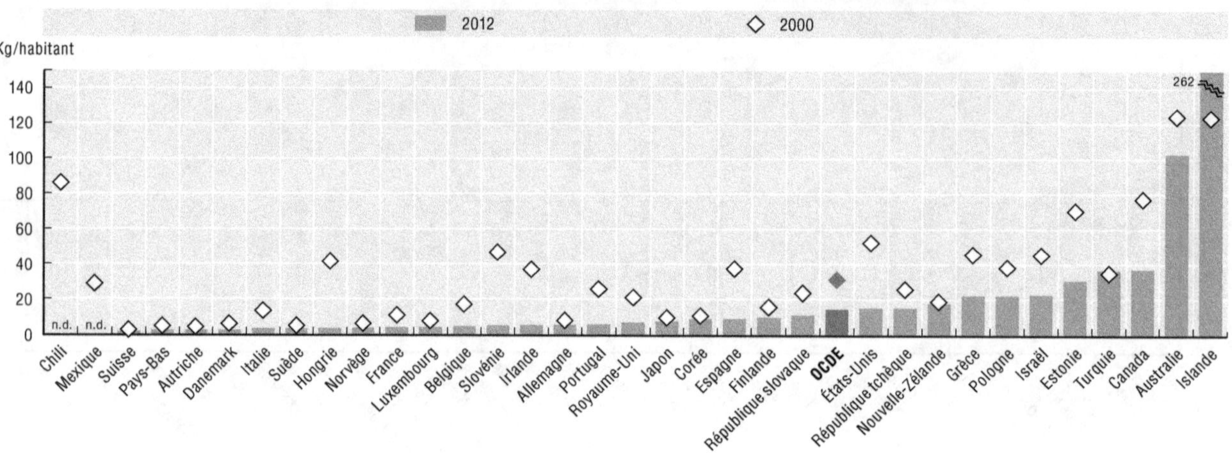

Source : OCDE (2014), « Émissions des polluants de l'air par source », *Statistiques de l'OCDE sur l'environnement* (base de données) ; Programme concerté de surveillance continue et d'évaluation du transport à longue distance des polluants atmosphériques en Europe (EMEP) (2014) ; CCNUCC (2014), Greenhouse Gas Inventory Data.

StatLink http://dx.doi.org/10.1787/888933365008

Tableau 1.3. **Émissions et intensités d'émission de SO_x**

	Émissions totales de SO_x			Intensité d'émission par unité de PIB		Intensité d'émission par habitant		PIB
	Milliers de tonnes	Variation en %		Kg/1 000 USD	Variation en %	Kg/hab	Variation en %	Variation en %
	2012 ou dernière année disponible	1990-2012	2000-12	2012 ou dernière année disponible	2000-12	2012 ou dernière année disponible	2000-12	2000-12
Allemagne	427	-92	-33	0.1	-41	5	-33	14
Australie	2 334	50	-1	2.7	-31	103	-17	44
Autriche	17	-77	-46	0.1	-55	2	-48	21
Belgique	48	-87	-72	0.1	-76	4	-74	18
Canada	1 288	-58	-45	1.0	-57	37	-52	27
Chili	..	..	..	..	..	..	..	68
Corée	434	-47	-12	0.3	-45	9	-16	63
Danemark	12	-93	-60	0.1	-63	2	-62	8
Espagne	408	-81	-73	0.3	-78	9	-76	21
Estonie	41	-85	-58	1.6	-73	31	-57	58
États-Unis	4 695	-78	-68	0.3	-74	15	-71	22
Finlande	52	-79	-35	0.3	-46	10	-38	20
France	232	-82	-63	0.1	-68	4	-66	16
Grèce	245	-49	-51	1.0	-51	22	-51	1
Hongrie	32	-96	-92	0.2	-94	3	-92	22
Irlande	23	-87	-83	0.1	-87	5	-86	31
Islande	84	295	142	7.1	79	262	113	35
Israël	174	..	-39	0.8	-58	22	-50	49
Italie	178	-90	-76	0.1	-77	3	-78	1
Japon	937	-25	-21	0.2	-28	7	-21	9
Luxembourg	2	-87	-39	0.1	-55	4	-50	33
Mexique	..	..	..	..	..	..	..	30
Norvège	17	-68	-39	0.1	-49	3	-45	21
Nouvelle Zélande	78	34	9	0.7	-19	18	-5	35
Pays-Bas	34	-82	-53	0.1	-59	2	-55	15
Pologne	853	..	-41	1.2	-62	22	-42	56
Portugal	59	-82	-78	0.3	-78	6	-78	2
République slovaque	59	-89	-54	0.5	-72	11	-54	67
République tchèque	158	-92	-40	0.6	-57	15	-42	38
Royaume-Uni	426	-89	-65	0.2	-71	7	-68	21
Slovénie	10	-95	-89	0.2	-91	5	-89	27
Suède	28	-74	-33	0.1	-47	3	-38	26
Suisse	11	-73	-32	0.0	-45	1	-38	24
Turquie	2 739	57	17	2.7	-28	36	5	62
OCDE	**16 053**	**- 70**	**- 51**	**0**	**- 59**	**14**	**- 54**	**22**
OCDE Asie-Océanie	3 981	..	-9	0.6	-25	19	-13	24
OCDE Europe	6 195	-75	-43	0.4	-53	11	-47	19

Note : Voir les notes par pays à l'annexe.

Source : OCDE (2014), « Émissions des polluants de l'air par source », *Statistiques de l'OCDE sur l'environnement* (base de données) ; Programme concerté de surveillance continue et d'évaluation du transport à longue distance des polluants atmosphériques en Europe (EMEP) (2014) ; CCNUCC (2014), Greenhouse Gas Inventory Data.

StatLink http://dx.doi.org/10.1787/888933365477

Graphique 1.14. **Intensités d'émission de NO_X par habitant, 2000, 2012**

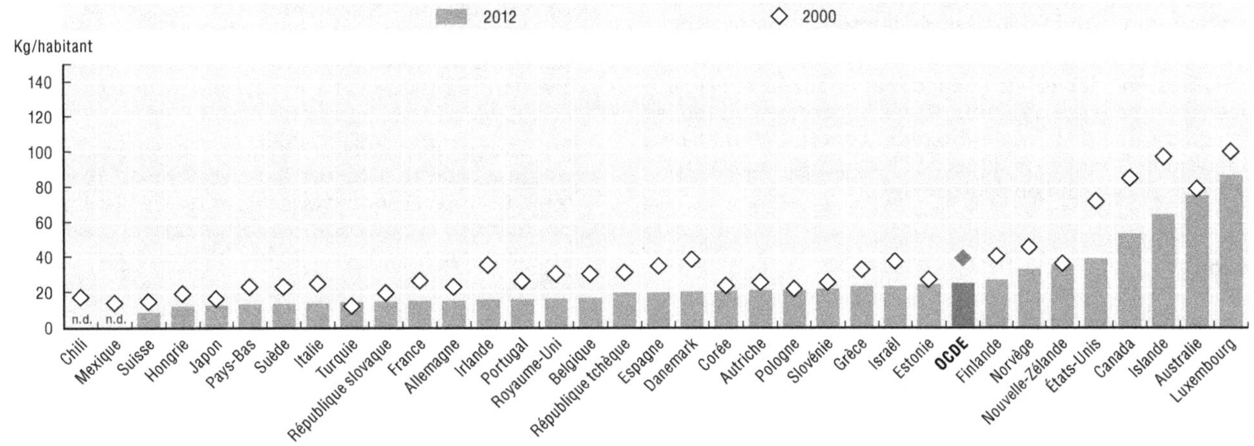

2012 ◇ 2000

Kg/habitant

140 120 100 80 60 40 20 0

n.d. n.d.

Chili Mexique Suisse Hongrie Japon Pays-Bas Suède Italie Turquie République slovaque France Allemagne Irlande Portugal Royaume-Uni Belgique République tchèque Espagne Danemark Corée Autriche Pologne Slovénie Grèce Israël Estonie **OCDE** Finlande Norvège Nouvelle-Zélande États-Unis Canada Islande Australie Luxembourg

Source : OCDE (2014), « Émissions des polluants de l'air par source », *Statistiques de l'OCDE sur l'environnement* (base de données) ; Programme concerté de surveillance continue et d'évaluation du transport à longue distance des polluants atmosphériques en Europe (EMEP) (2014) ; CCNUCC (2014), Greenhouse Gas Inventory Data.

StatLink http://dx.doi.org/10.1787/888933365018

Tableau 1.4. **Émissions et intensités d'émission de NO_X**

	Émissions totales de NO_X			Intensité d'émission par unité de PIB		Intensité d'émission par habitant		PIB
	Milliers de tonnes	Variation en %	Variation en %	Kg/1 000 USD	Variation en %	Kg/hab	Variation en %	Variation en %
	2012 ou dernière année disponible	1990-2012	2000-12	2012 ou dernière année disponible	2000-12	2012 ou dernière année disponible	2000-12	2000-12
Allemagne	1 269	-56	-34	0.4	-42	15	-34	14
Australie	1 707	33	14	2.0	-21	75	-5	44
Autriche	178	-8	-13	0.6	-28	21	-17	21
Belgique	190	-49	-39	0.5	-49	17	-44	18
Canada	1 862	-27	-28	1.4	-44	53	-37	27
Chili	..	..	..	..	..	..	..	68
Corée	1 040	19	-7	0.7	-42	21	-13	63
Danemark	115	-58	-44	0.6	-48	21	-47	8
Espagne	928	-31	-34	0.7	-46	20	-43	21
Estonie	32	-56	-14	1.3	-46	24	-11	58
États-Unis	12 258	-46	-40	0.9	-51	39	-46	22
Finlande	146	-51	-31	0.8	-42	27	-34	20
France	982	-47	-38	0.5	-46	15	-42	16
Grèce	259	-21	-28	1.1	-29	23	-29	1
Hongrie	122	-51	-39	0.7	-50	12	-37	22
Irlande	74	-40	-46	0.4	-58	16	-55	31
Islande	21	-25	-25	1.7	-44	64	-34	35
Israël	182	..	-23	0.8	-47	23	-38	49
Italie	849	-58	-41	0.5	-41	14	-45	1
Japon	1 627	-20	-23	0.4	-30	13	-24	9
Luxembourg	45	17	4	1.3	-22	86	-13	33
Mexique	..	..	..	..	..	..	..	30
Norvège	166	-13	-19	0.7	-33	33	-28	21
Nouvelle Zélande	158	60	13	1.3	-17	36	-2	35
Pays-Bas	227	-59	-39	0.3	-47	14	-42	15
Pologne	817	..	-3	1.2	-38	21	-4	56
Portugal	170	-31	-38	0.7	-39	16	-39	2
République slovaque	81	-62	-25	0.7	-55	15	-25	67
République tchèque	211	-72	-34	0.8	-53	20	-36	38
Royaume-Uni	1 057	-63	-41	0.5	-52	17	-46	21
Slovénie	45	-26	-11	0.9	-30	22	-14	27
Suède	132	-51	-37	0.4	-50	14	-41	26
Suisse	69	-51	-36	0.2	-48	9	-42	24
Turquie	1 088	93	29	1.1	-21	14	16	62
OCDE	**28 108**	**-40**	**-32**	**0.7**	**-44**	**25**	**-37**	**22**
OCDE Asie-Océanie	4 728	..	-8	0.7	-24	22	-12	24
OCDE Europe	9 273	-46	-30	0.6	-41	17	-34	19

Note : Voir les notes par pays à l'annexe.

Source : OCDE (2014), « Émissions des polluants de l'air par source », *Statistiques de l'OCDE sur l'environnement* (base de données) ; Programme concerté de surveillance continue et d'évaluation du transport à longue distance des polluants atmosphériques en Europe (EMEP) (2014) ; CCNUCC (2014), Greenhouse Gas Inventory Data.

StatLink http://dx.doi.org/10.1787/888933365485

Émissions de particules et exposition de la population

La dégradation de la qualité de l'air peut avoir d'importantes conséquences économiques et sociales : coûts sanitaires, détérioration du cadre bâti, baisse de la production agricole, atteintes aux forêts et diminution générale de la qualité de vie.

Les particules ont des effets préoccupants sur la santé, et particulièrement celle des habitants des villes. Les concentrations de particules fines ($PM_{2.5}$), de dioxyde d'azote (NO_2) et de polluants atmosphériques toxiques sont les plus inquiétantes, avec les épisodes de pollution par l'ozone.

Définitions

Les indicateurs présentés ici concernent :

- Les émissions totales de particules fines produites par les activités humaines, exprimées en quantité de $PM_{2.5}$, dans le temps et par habitant.
- L'exposition de la population à la pollution de l'air par les particules fines. Le niveau d'exposition aux particules fines par habitant, en extérieur, est exprimé en concentrations de $PM_{2.5}$ pondérées en fonction de la population. Avec la part de la population exposée à des concentrations supérieures à 10 microgrammes par m^3 (valeur guide à long terme de l'OMS), ils donnent une indication générale du risque relatif de la pollution particulaire.

Les $PM_{2.5}$ sont les particules en suspension dans l'air d'un diamètre inférieur à 2.5 microns, qui peuvent pénétrer profondément dans les voies respiratoires et nuire gravement à la santé. Elles sont potentiellement plus toxiques que les particules PM_{10} et peuvent contenir des métaux lourds et des substances organiques toxiques.

Les indicateurs représentés ici ne donnent qu'une image partielle. Il convient de les compléter par des informations sur d'autres polluants atmosphériques et de les rapprocher de données socio-économiques et climatiques, ainsi que des normes appliquées aux émissions et aux carburants.

En bref

Depuis 20 ans, la qualité de l'air urbain s'améliore lentement en ce qui concerne les concentrations de dioxyde de soufre (SO_2), et l'exposition des populations aux particules (PM_{10}) a diminué.

Toutefois, les épisodes de forte pollution par l'ozone, aussi bien en milieu urbain que dans les zones rurales, de même que les concentrations de NO_2, les particules fines ($PM_{2.5}$) et les polluants atmosphériques toxiques suscitent des préoccupations grandissantes. Ils sont dans une large mesure la conséquence de la concentration des sources de pollution dans les zones urbaines et de l'augmentation des déplacements urbains en véhicule particulier.

Certaines catégories de population sont particulièrement sensibles à la pollution de l'air, comme les personnes très jeunes et très âgées.

Dans plusieurs pays de l'OCDE, les émissions de particules fines par habitant et la part de la population exposée à des concentrations de $PM_{2.5}$ supérieures à la valeur guide de l'OMS ont baissé.

Toutefois, dans la moitié des pays environ, plus de 90 % des habitants sont toujours exposés à des concentrations supérieures à la valeur guide de l'OMS.

Le coût de l'impact sanitaire de la pollution de l'air dans les pays de l'OCDE – calculé sur la base du consentement à payer des individus pour éviter des décès – a été estimé à 1 700 milliards USD. La moitié de cette somme serait imputable au transport routier.

En l'absence de nouvelles mesures, la qualité de l'air urbain continuera de se détériorer au niveau mondial, et compte tenu de l'urbanisation croissante et du vieillissement de la population, la pollution de l'air extérieur deviendra la première cause de mortalité liée à l'environnement d'ici à 2050.

Comparabilité

Des données sur les émissions de particules sont disponibles pour beaucoup de pays de l'OCDE. Les méthodes d'estimation des émissions et l'éventail des sources et des particules prises en compte dans les estimations peuvent varier d'un pays à l'autre.

Il existe des données internationales sur l'exposition à la pollution atmosphérique, mais elles sont fragmentaires (sources : AEE, Banque mondiale, OMS, OCDE). L'effort le plus complet de mesure des niveaux d'exposition dans le monde est l'étude GBD sur la charge mondiale de morbidité.

Sources

Banque mondiale (2015), *World Development Indicators*, *http://data.worldbank.org/data-catalog/world-developmentindicators*.

OCDE (2014), « Émissions atmosphériques par source », *Statistiques de l'OCDE sur l'environnement* (base de donnés), *http://dx.doi.org/10.1787/data-00598-fr*.

Programme concerté de surveillance continue et d'évaluation du transport à longue distance des polluants atmosphériques en Europe (EMEP) (2014), *www.emep.int*.

Pour en savoir plus

CEE-ONU (2014), « Convention on Long-Range Transboundary Air Pollution », *www.unece.org/env/lrtap/multi_h1.html*.

OCDE (à paraître), *Panorama des régions 2016*, Éditions OCDE, Paris, à paraître.

OCDE (2016), *Comment va la vie ? 2015: Mesurer le bien-être*, Éditions OCDE, Paris, *http://dx.doi.org/10.1787/how_life-2015-fr*.

OCDE (2014), *Comment va la vie dans votre région? : Mesurer le bien-être régional et local pour les politiques publiques*, Éditions OCDE, Paris, *http://dx.doi.org/10.1787/9789264223981-fr*.

OCDE (2014), Le coût de la pollution de l'air : Impacts sanitaires du transport routier, Éditions OCDE, Paris, *http://dx.doi.org/10.1787/9789264220522-fr*.

OCDE (2012), *Perspectives de l'environnement de l'OCDE à l'horizon 2050: Les conséquences de l'inaction*, Éditions OCDE, Paris, *http://dx.doi.org/10.1787/env_outlook-2012-fr*.

Informations sur les données concernant Israël : *http://dx.doi.org/10.1787/888932315602*.

Graphique 1.15. **Intensités d'émission de particules fines ($PM_{2.5}$)**

Émissions par habitant, pays sélectionnés, 2012, 2000

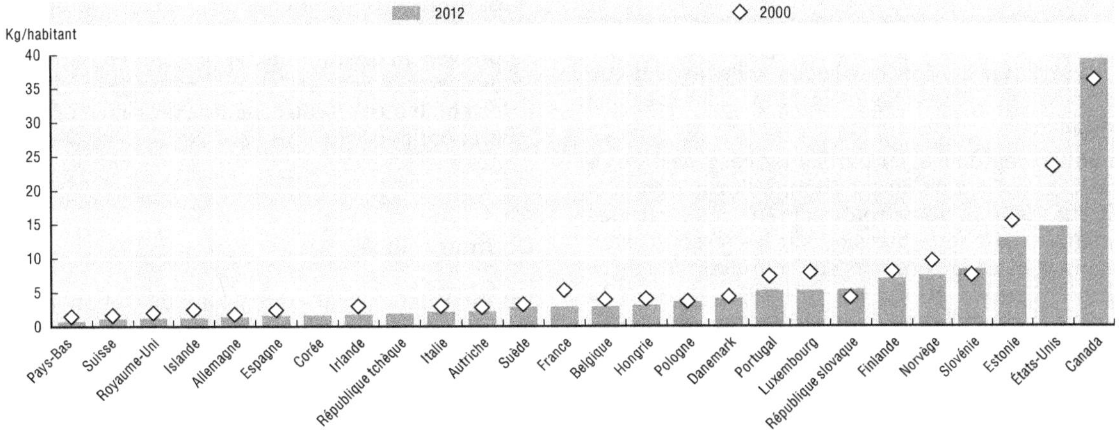

2012 ◇ 2000

Kg/habitant

40 35 30 25 20 15 10 5 0

Pays-Bas, Suisse, Royaume-Uni, Islande, Allemagne, Espagne, Corée, Irlande, République tchèque, Italie, Autriche, Suède, France, Belgique, Hongrie, Pologne, Danemark, Portugal, Luxembourg, République slovaque, Finlande, Norvège, Slovénie, Estonie, États-Unis, Canada

Note : Voir les notes par pays à l'annexe.
Source : OCDE (2014), « Émissions des polluants de l'air par source », *Statistiques de l'OCDE sur l'environnement* (base de données) ; Programme concerté de surveillance continue et d'évaluation du transport à longue distance des polluants atmosphériques en Europe (EMEP) (2014).

StatLink http://dx.doi.org/10.1787/888933365024

Graphique 1.16. **Exposition de la population aux particules fines ($PM_{2.5}$)**

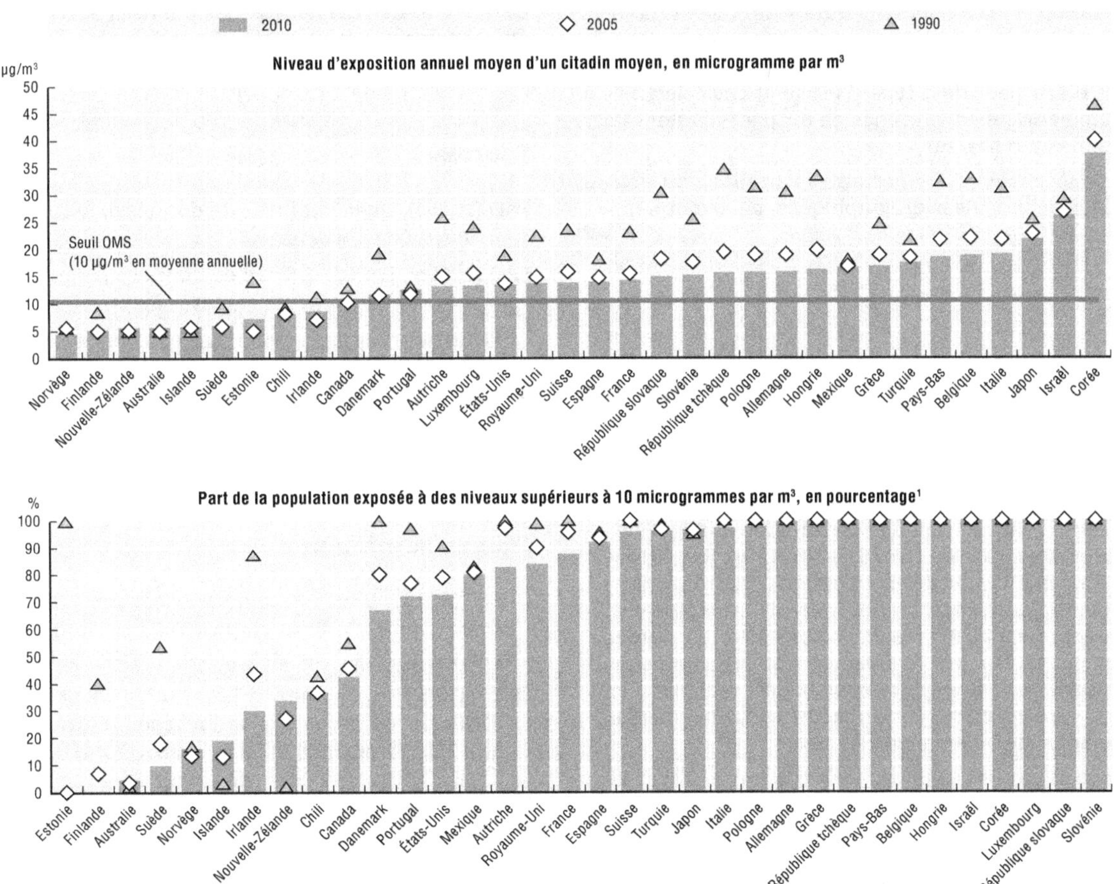

1. Valeur guide de l'OMS.
Note : Voir les notes par pays à l'annexe.
Source : Banque mondiale (2015), *World Development Indicators* (base de données).

StatLink http://dx.doi.org/10.1787/888933365033

Utilisation des ressources en eau douce

La répartition des ressources en eau douce varie beaucoup entre les pays et à l'intérieur d'un même pays. Lorsqu'une part non négligeable des ressources hydriques d'un pays provient de cours d'eau transfrontaliers, cette situation peut être une source de tensions internationales. Dans les régions arides, les ressources sont parfois si limitées que la demande ne peut être satisfaite que grâce à des prélèvements incompatibles avec une exploitation durable.

Les prélèvements d'eau douce, en particulier ceux destinés à l'alimentation des réseaux de distribution, à l'irrigation, à la production industrielle et au refroidissement des centrales électriques, exercent une forte pression sur les ressources en eau et ont des incidences importantes sur leur quantité et leur qualité. Les principales préoccupations concernent la surexploitation et le gaspillage de l'eau et leurs conséquences environnementales et socio-économiques.

Définitions

L'intensité de l'utilisation des ressources en eau douce (ou stress hydrique) correspond au volume brut des prélèvements opérés dans les eaux douces superficielles et souterraines, exprimé en pour cent du volume total des ressources en eau douce renouvelables disponibles (apports des pays voisins compris), en pour cent des ressources intérieures (précipitations moins évapotranspiration) et par habitant. L'utilisation d'eau pour la production hydroélectrique n'est pas prise en compte (car considérée comme correspondant à une exploitation in situ). Les prélèvements d'eau par grand type d'usage et ceux destinés à l'approvisionnement public, exprimés en m^3 par habitant et par jour, complètent cet indicateur.

L'indicateur peut masquer d'importantes variations au niveau infranational (entre bassins hydrographiques, par exemple).

En bref

Au niveau mondial, on estime que la demande d'eau a augmenté plus de deux fois plus vite que la population au cours du siècle dernier. Le premier consommateur d'eau est l'agriculture.

Dans les années 80, certains pays ont stabilisé les prélèvements d'eau grâce à des techniques d'irrigation plus efficientes, au déclin d'industries grandes consommatrices d'eau, au développement de technologies plus économes et à la réduction des fuites dans les réseaux de distribution. Depuis le milieu des années 90, le volume des prélèvements d'eau est généralement stable à l'échelle de l'OCDE. Dans certains pays, cette stabilité s'explique par le recours à des sources de substitution, comme la réutilisation et le dessalement de l'eau.

L'utilisation d'eau d'irrigation dans la zone OCDE a légèrement baissé par rapport à la production agricole, mais dans environ la moitié des pays de l'OCDE, elle a progressé sous l'effet de l'extension de la superficie irriguée. Dans les régions semi-arides d'Amérique du Nord et de la Méditerranée, une part grandissante de l'eau d'irrigation est puisée dans les nappes souterraines.

Le degré de stress hydrique est très variable selon les pays et à l'intérieur de chacun d'eux. La plupart des pays connaissent aussi à certaines saisons ou localement des problèmes quantitatifs, et plusieurs d'entre eux abritent de vastes régions arides ou semi-arides où la situation des disponibilités en eau constitue un frein au développement économique.

Comparabilité

Les informations sur l'intensité d'utilisation des ressources en eau sont disponibles pour la plupart des pays de l'OCDE, mais elles sont souvent incomplètes. Les définitions et méthodes d'estimation peuvent varier substantiellement d'un pays à l'autre et dans le temps. En général, la disponibilité et la qualité des données sont meilleures pour l'approvisionnement public. Dans le cas de certains pays, les données se rapportent aux autorisations de prélèvement et non aux prélèvements effectifs.

Les totaux OCDE sont des estimations par interpolation linéaire pour combler les lacunes dans les données ; ils ne comprennent pas le Chili. Les données pour le Royaume-Uni portent uniquement sur l'Angleterre et le Pays de Galles.

Dernière année disponible : les données antérieures à 2009 ont été ignorées.

Voir les notes complémentaires à l'annexe.

Sources

FAO (2015a), *AquaStat* (base de données), *www.fao.org/nr/water/aquastat/main/index.stm*.

FAO (2015b), FAOSTAT (base de données), *http://faostat3.fao.org*.

OCDE (2015), "Eau: Prélèvements d'eau douce", *Statistiques de l'OCDE sur l'environnement* (base de données), *http://dx.doi.org/10.1787/data-00602-fr*.

OCDE (2014), "Eau: Ressources en eau douce", *Statistiques de l'OCDE sur l'environnement* (base de données), *http://dx.doi.org/10.1787/data-00603-fr*.

Pour en savoir plus

OCDE (2015), *Water Resources Allocation : Sharing Risks and Opportunities*, Études de l'OCDE sur l'eau, Éditions OCDE, Paris, *http://dx.doi.org/10.1787/9789264229631-en*.

OCDE (2012), *Perspectives de l'environnement de l'OCDE à l'horizon 2050: Les conséquences de l'inaction*, Éditions OCDE, Paris, *http://dx.doi.org/10.1787/env_outlook-2012-fr*.

Programme mondial pour l'évaluation des ressources en eau (2015), *The United Nations World Water Development Report 2015: Water for a Sustainable World*, Paris, UNESCO.

Travaux de l'OCDE sur l'eau, *www.oecd.org/fr/environnement/ressources/ledefideleaulareponsedelocde.htm*.

Informations sur les données concernant Israël : *http://dx.doi.org/10.1787/888932315602*.

Graphique 1.17. **Prélèvements bruts d'eau douce par habitant**

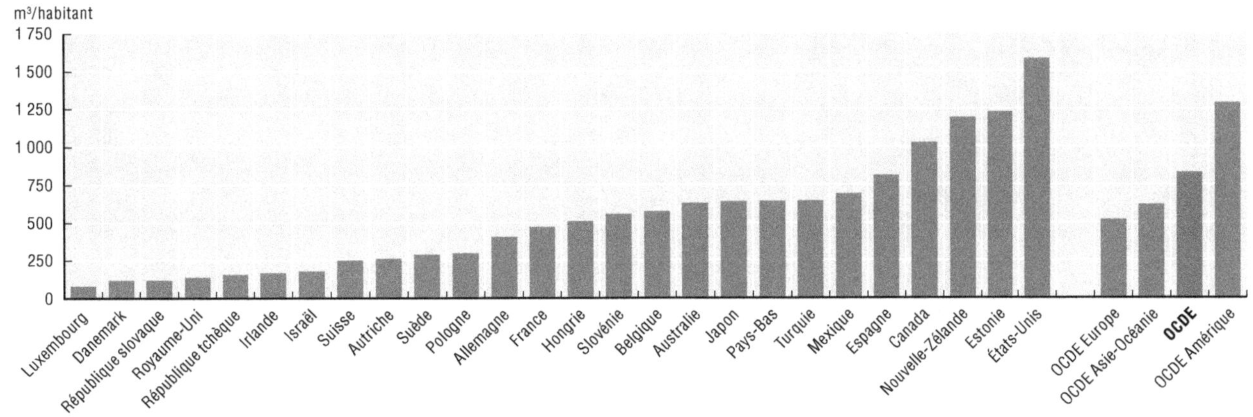

m³/habitant

Luxembourg, Danemark, République slovaque, Royaume-Uni, République tchèque, Irlande, Israël, Suisse, Autriche, Suède, Pologne, Allemagne, France, Hongrie, Slovénie, Belgique, Australie, Japon, Pays-Bas, Turquie, Mexique, Espagne, Canada, Nouvelle-Zélande, Estonie, États-Unis, OCDE Europe, OCDE Asie-Océanie, **OCDE**, OCDE Amérique

Source : OCDE (2015), « Eau : Prélèvements d'eau douce », *Statistiques de l'OCDE sur l'environnement* (base de données).

StatLink http://dx.doi.org/10.1787/888933365042

Tableau 1.5. **Ressources en eau douce et prélèvements**

	Intensité d'utilisation des ressources en eau						Irrigation			
	Prélèvements en % des ressources disponibles			Prélèvements par habitant			Prélèvements par superficie de terres irriguées	Terres irriguées en % de la terre arable		
	%	Variation absolue		m³/habitant/an	% variation		m³/ha/an	%	% variation	
	2013 ou dernière année disponible	Depuis 1990	Depuis 2000	2013 ou dernière année disponible	Depuis 1990	Depuis 2000	2013 ou dernière année disponible	2012	1990-2012	2000-12
Allemagne	17.2	-6.9	-2.6	400	-30	-12	280	5	39	34
Australie	3.6	..	-2.1	630	..	-45	2 480	5	41	7
Autriche	2.9	..	..	260	..	..	150	8	77	27
Belgique	31.0	..	-6.8	570	..	-22	..	3	-25	-25
Canada	1.0	-0.3	..	1 030	-36	..	1 730	2	24	14
Chili	..	..	..	..	..	..	..	62	64	19
Corée	..	..	..	..	..	..	..	45	-4	-2
Danemark	4.0	-3.7	-0.5	120	-52	-14	220	18	8	-8
Espagne	33.6	0.4	0.7	810	-15	-11	6 150	22	33	10
Estonie	13.2	-12.8	1.3	1 230	-40	15	0	1	20	36
États-Unis	19.8	1.1	0.3	1 580	-15	-7	6 010	17	17	10
Finlande	..	..	..	..	..	..	0	3	9	-24
France	15.7	-4.0	-1.4	470	-29	-15	1 120	13	30	0
Grèce	..	..	..	..	..	..	5 060	42	48	23
Hongrie	4.3	-1.1	-1.3	510	-16	-21	1 270	4	-3	-24
Irlande	1.5	..	..	170	..	..	..	..	..	..
Islande	..	..	..	..	..	..	..	..	..	..
Israel	50.2	-16.5	-14.5	180	-54	-36	..	58	22	20
Italie	..	..	..	..	..	..	..	41	28	21
Japon	19.7	-1.8	-1.3	640	-11	-7	21 540	54	0	-1
Luxembourg	2.6	..	-1.1	80	..	-43	..	..	..	..
Mexique	17.3	..	2.4	690	..	-1	9 450	25	7	1
Norvège	..	..	..	..	..	..	..	11	-2	-27
Nouvelle Zélande	1.1	..	0.4	1 190	..	45	4 120	111	965	503
Pays-Bas	11.7	3.0	2.0	640	21	15	47	46	-3	-12
Pologne	17.8	-6.2	-1.2	300	-26	-6	820	1	-58	38
Portugal	..	..	..	..	..	..	6 960	30	7	-9
République slovaque	0.8	-1.8	-0.7	120	-71	-46	240	6	-59	-47
République tchèque	10.3	..	-1.7	160	..	-16	780	1	12	-6
Royaume-Uni	11.0	-6.0	-5.0	137	-42	-36	1 240	2	-35	-63
Slovénie	3.6	..	..	550	..	..	330	3	256	105
Suède	1.4	-0.1	0.0	290	-17	-5	380	6	57	24
Suisse	3.8	-1.3	-1.1	250	-37	-30	2 220	15	151	68
Turquie	20.0	..	..	640	..	..	7 790	22	49	22
OCDE	**9.9**	**0.3**	**0.0**	**829**	**-13**	**-8**	**6 821**	**15**	**19**	**9**
OCDE Amérique	9.4	0.4	0.2	1 291	-19	-10	6 990	15	15	8
OCDE Asie-Océanie	9.6	0.1	-0.8	616	-9	-12	11 516	12	17	8
OCDE Europe	11.5	-0.1	0.1	518	-11	-5	4 966	16	28	10

Note : Voir les notes par pays à l'annexe.

Source : FAO (2015b), FAOSTAT (base de données) ; OCDE (2015), « Eau : Prélèvements d'eau douce », « Eau : Ressources en eau douce », *Statistiques de l'OCDE sur l'environnement* (base de données).

StatLink http://dx.doi.org/10.1787/888933365491

Graphique 1.18. **Ressources renouvelables totales en eau par habitant, moyennes annuelles de long terme**

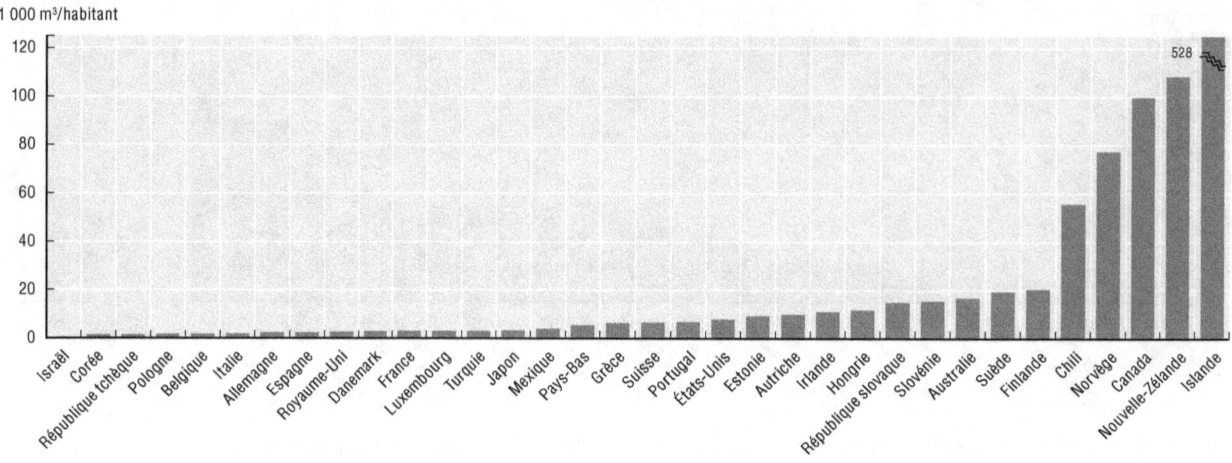

1 000 m³/habitant
120
100
80
60
40
20
0
528
Israël
Corée
République tchèque
Pologne
Belgique
Italie
Allemagne
Espagne
Royaume-Uni
Danemark
France
Luxembourg
Turquie
Japon
Mexique
Pays-Bas
Grèce
Suisse
Portugal
États-Unis
Estonie
Autriche
Irlande
Hongrie
République slovaque
Slovénie
Australie
Suède
Finlande
Chili
Norvège
Canada
Nouvelle-Zélande
Islande

Source : OCDE (2015), « Eau : Ressources en eau douce », *Statistiques de l'OCDE sur l'environnement* (base de données).

StatLink http://dx.doi.org/10.1787/888933365056

Graphique 1.19. **Intensité d'utilisation des ressources en eau, 2013 ou dernière année disponible**

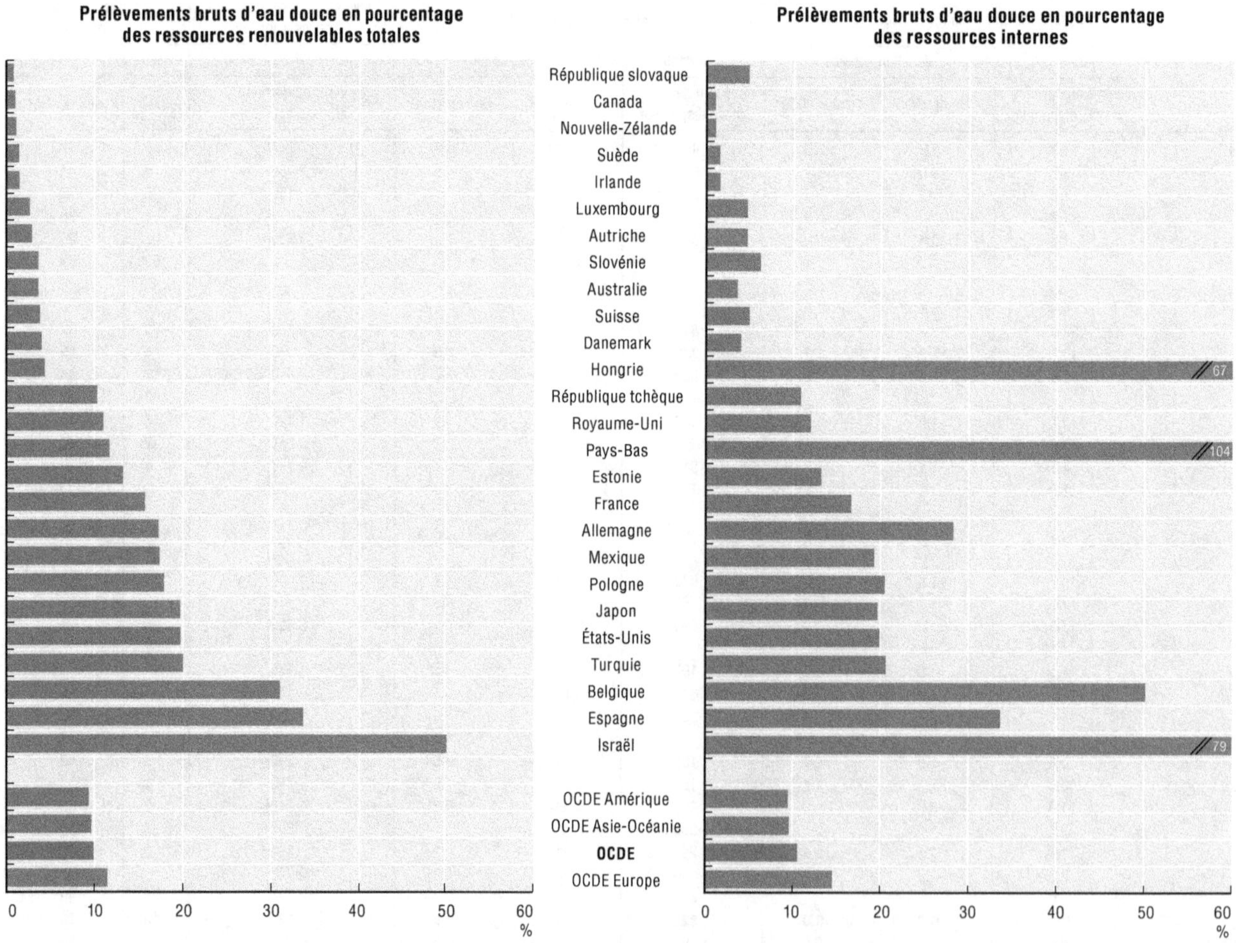

Prélèvements bruts d'eau douce en pourcentage des ressources renouvelables totales
Prélèvements bruts d'eau douce en pourcentage des ressources internes
République slovaque
Canada
Nouvelle-Zélande
Suède
Irlande
Luxembourg
Autriche
Slovénie
Australie
Suisse
Danemark
Hongrie
République tchèque
Royaume-Uni
Pays-Bas
Estonie
France
Allemagne
Mexique
Pologne
Japon
États-Unis
Turquie
Belgique
Espagne
Israël
OCDE Amérique
OCDE Asie-Océanie
OCDE
OCDE Europe
67
104
79
0
10
20
30
40
50
60
%

Stress hydrique : < 10 % : faible ; 10-20 % : moyen-élevé ; > 40 % : élevé.

Source : OCDE (2015), « Eau : Prélèvements d'eau douce », *Statistiques de l'OCDE sur l'environnement* (base de données) ; OCDE (2015), « Eau : Ressources en eau douce », *Statistiques de l'OCDE sur l'environnement* (base de données).

StatLink http://dx.doi.org/10.1787/888933365069

Graphique 1.20. **Prélèvements d'eau douce par type d'utilisation majeure**

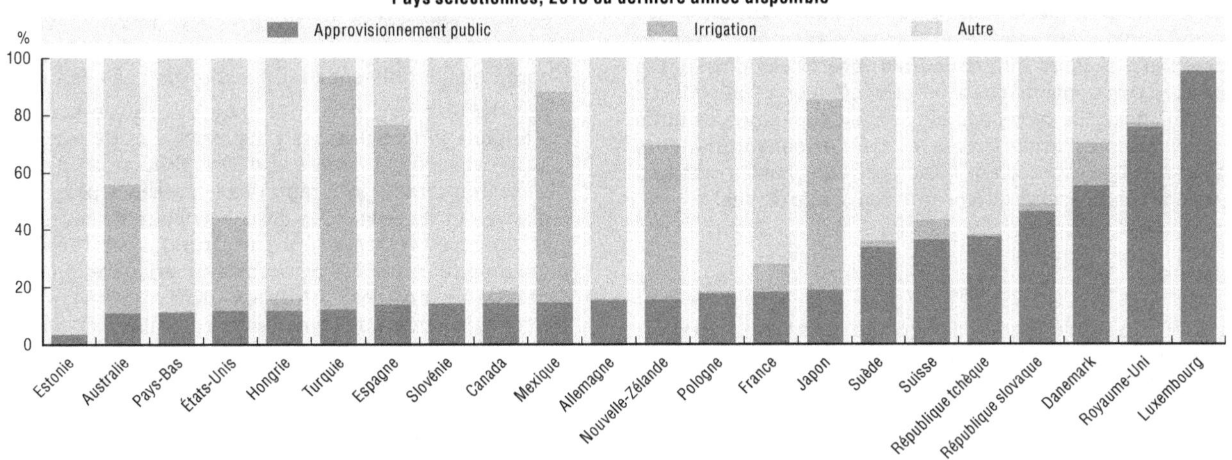

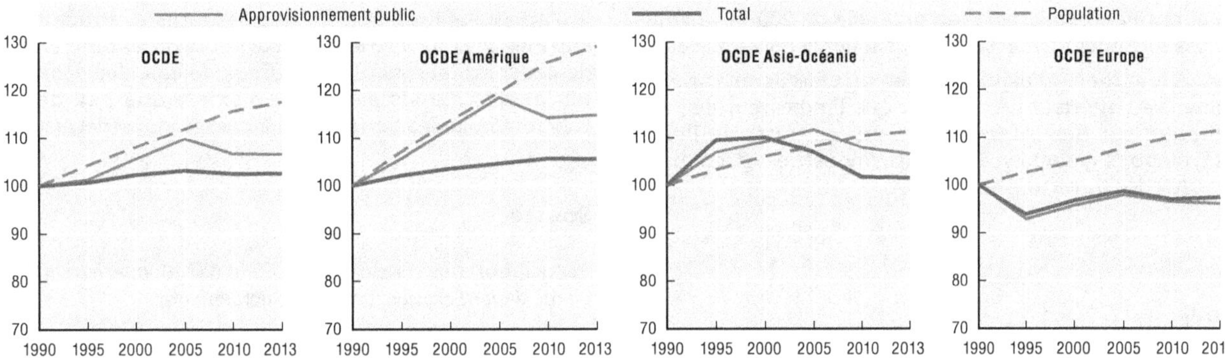

Source : OCDE (2015), « Eau : Prélèvements d'eau douce », *Statistiques de l'OCDE sur l'environnement* (base de données) ; OCDE (2015), *Données historiques et projections de la population de l'OCDE* (base de données).

StatLink http://dx.doi.org/10.1787/888933365073

Graphique 1.21. **Prélèvements d'eau douce par habitant pour l'approvisionnement public, 2013 ou dernière année disponible**

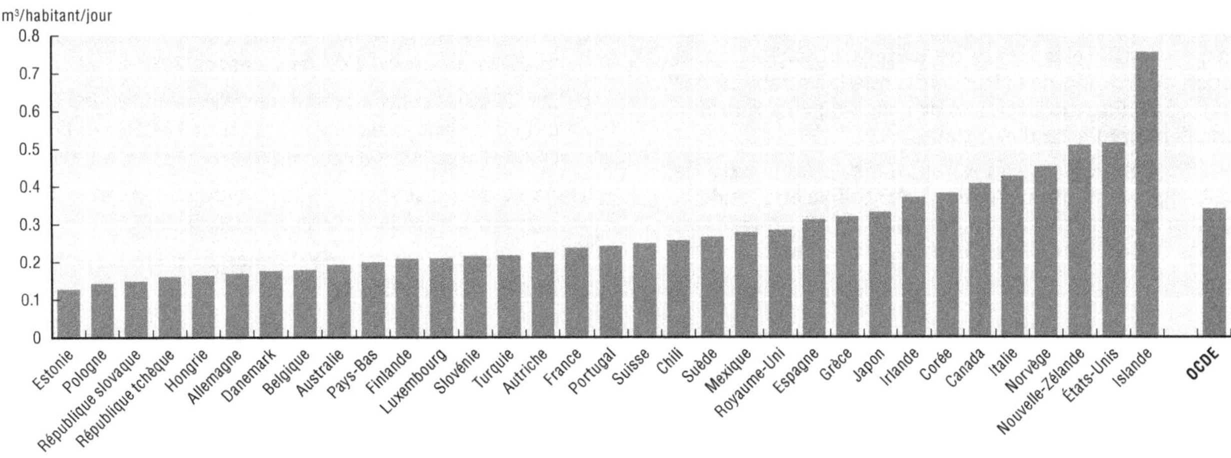

Source : OCDE (2015), « Eau : Prélèvements d'eau douce », *Statistiques de l'OCDE sur l'environnement* (base de données).

StatLink http://dx.doi.org/10.1787/888933365084

Tarification de l'approvisionnement public en eau

La tarification de l'eau et des services liés à l'eau constitue un instrument important pour gérer la demande et promouvoir une utilisation efficiente de la ressource, répartir l'eau entre les utilisations concurrentes et lever des recettes pour financer l'investissement dans les infrastructures et services de l'eau. Les consommateurs qui paient l'eau à un prix inférieur à son coût ont tendance à l'utiliser de façon peu efficiente. Cela étant, des tarifs élevés peuvent compliquer l'accès à l'eau des consommateurs pauvres ; le caractère abordable de la facture d'eau pour les ménages à faible revenu est un aspect qu'il ne faut pas perdre de vue.

Définitions

Les indicateurs présentés ici concernent les prix de l'approvisionnement public en eau payés par les ménages et les petites entreprises dans certaines villes et la structure tarifaire correspondante.

Les prix sont ceux de 2013, exprimés en USD du 31 décembre 2013. Afin de faciliter les comparaisons entre les villes, il s'agit des prix que paient pour un mètre cube d'eau de distribution les clients qui ont une consommation annuelle de 200 m^3. Ils ne reflètent pas forcément l'intégralité du coût des services de l'eau.

Il importe de garder à l'esprit que les prix de l'eau varient sensiblement à l'intérieur des pays, et que l'indicateur devrait être complété par des informations sur les tarifs de l'eau destinés à d'autres grands types d'usage (industrie, agriculture) et sur les taux de couverture des coûts.

En bref

Dans les pays de l'OCDE, une plus grande proportion des coûts associés à la fourniture des services de l'eau est aujourd'hui récupérée via les tarifs. Cela transparaît dans les hausses de prix parfois substantielles observées depuis dix ans et dans l'évolution des structures tarifaires, qui reflètent mieux les coûts de consommation et de traitement.

Les structures des tarifs de distribution d'eau varient entre les pays et à l'intérieur de chacun. La diversité à l'intérieur d'un pays reflète le degré de décentralisation de la fonction de fixation des tarifs, ainsi que la variabilité des coûts de fourniture des services de l'eau selon les endroits, particulièrement en milieu rural.

Une pratique qui gagne du terrain dans certains pays de l'OCDE est la facturation d'une redevance fixe en plus de la redevance volumétrique, ou l'augmentation progressive du poids des éléments fixes dans la facture d'eau.

Par ailleurs, la tarification de l'eau est de plus en plus souvent complétée par d'autres mesures : redevances de prélèvement et de pollution, permis négociables, compteurs intelligents, réutilisation de l'eau et innovation.

Parallèlement, on note une exigence croissante d'application de normes plus strictes et de technologies plus évoluées en matière de potabilisation de l'eau et d'assainissement, qui répond à la présence persistante de nitrates et de pesticides dans beaucoup de masses d'eau et aux nouvelles préoccupations suscitées par les micropolluants et les perturbateurs endocriniens. Relever ces défis coûtera cher et pourrait entraîner un renchérissement de l'eau dans de nombreux pays.

Comparabilité

On ne dispose que de données partielles sur les tarifs de l'eau et les structures tarifaires. Vu que ces tarifs et structures varient entre les pays, à l'intérieur des pays et selon les différents groupes de consommateurs, il est difficile de calculer des moyennes nationales satisfaisantes. Il n'existe que peu de données cohérentes sur les tarifs de l'eau à usage industriel et agricole.

Source

Association internationale de l'eau (2014), *International Statistics for Water Services*, *www.iwa-network.org*.

Pour en savoir plus

OCDE (2015), *Water Resources Allocation : Sharing Risks and Opportunities*, Études de l'OCDE sur l'eau, Éditions OCDE, Paris, *http://dx.doi.org/10.1787/9789264229631-en*.

OCDE (2012), *Perspectives de l'environnement de l'OCDE à l'horizon 2050: Les conséquences de l'inaction*, Éditions OCDE, Paris, *http://dx.doi.org/10.1787/env_outlook-2012-fr*.

OCDE (2009), *De l'eau pour tous : Perspectives de l'OCDE sur la tarification et le financement*, Études de l'OCDE sur l'eau, Éditions OCDE, Paris, *http://dx.doi.org/10.1787/9789264059511-fr*.

Travaux de l'OCDE sur l'eau, *www.oecd.org/fr/environnement/ressources/ledefideleaulareponsedelocde.htm*.

Informations sur les données concernant Israël : *http://dx.doi.org/10.1787/888932315602*.

Graphique 1.22. **Prix de l'eau dans une sélection de grandes villes, 2013**

Total des redevances annuelles et structure tarifaire

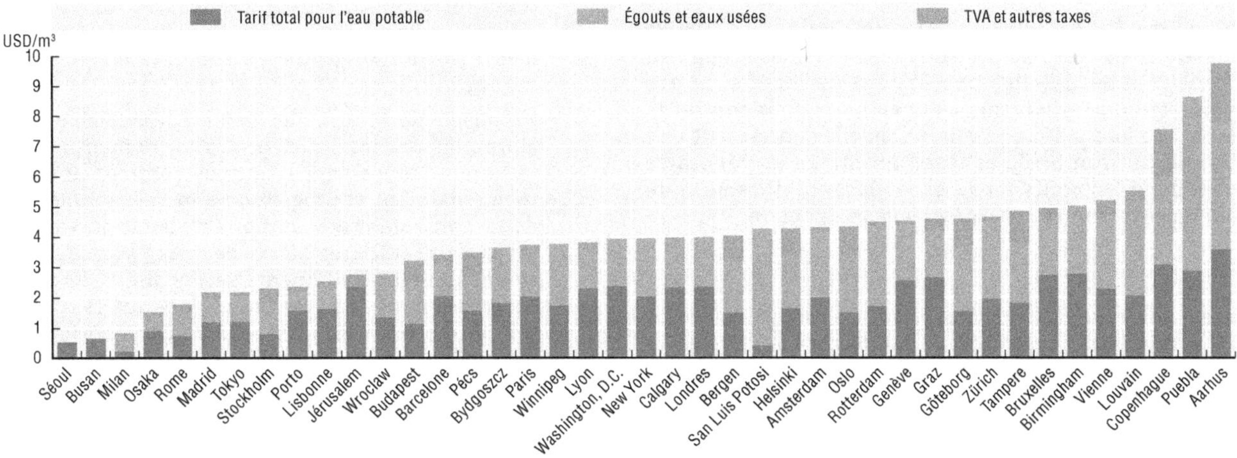

Source : Association internationale de l'eau (2014), *International Statistics for Water Services.*

StatLink http://dx.doi.org/10.1787/888933365091

Tableau 1.6. **Prix de l'eau dans une sélection de grandes villes, 2013**

Total des redevances annuelles

	Ville	USD/m³		Ville	USD/m³		Ville	USD/m³
Angleterre et Pays des Galles	Birmingham	5.02	États-Unis (cont.)	Chicago	1.46	Japon (cont.)	Fukuoka	2.24
	Cardiff	5.85		Denver	2.64		Sapporo	2.27
	Londres	3.98		Miami	1.01		Sendai	2.79
	Manchester	5.77	Espagne	Barcelone	3.40		Tokyo	2.18
	Leeds	5.18		Bilbao	2.16		Yokohama	2.02
Autriche	Graz	4.59		Madrid	2.17	Mexique	San Luis Potosi	4.25
	Innsbruck	5.00		Séville	2.99		Guadalajara	0.87
	Linz	3.18		Valence	2.69		León, Guanajuato	4.87
	Salzburg	6.15	Finlande	Espoo	4.63		Monterrey	4.72
	Vienne	5.20		Helsinki	4.63		Puebla	8.62
Belgique	Louvain	5.52		Oulu	5.21	Norvège	Bergen	4.03
	Anvers	4.29		Tampere	5.30		Oslo	4.32
	Bruxelles	4.95		Turku	6.39		Trondheim	5.00
	Liège	6.24		Vantaa	4.63	Pays-Bas	Amsterdam	4.53
	Courtrai	5.62	France	Bordeaux	4.43		Rotterdam	4.71
	Gand	5.11		Lille	5.03		La Haye	5.00
	Charleroi	5.95		Lyon	4.04		Utrecht	4.28
Canada	Calgary	3.98		Paris	4.16		Eindhoven	3.35
	Winnipeg	3.76		Strasbourg	4.19		Maastricht	4.16
	Regina	4.52		Reims	4.32	Pologne	Bydgoszcz	3.64
	Richmond	5.04		Nancy	4.15		Wroclaw	2.77
	Durham	3.27		Le Havre	5.83		Radom	2.75
Corée	Séoul	0.53		Marseille	4.75		Tarnow	2.86
	Busan	0.65		Brest	6.15	Portugal	Lisbonne	2.57
	Daegu	0.55	Hongrie	Budapest	3.21		Porto	2.39
	Incheon	0.61		Debrecen	2.43		Braga	2.38
	Gwangju	0.50		Miskolc	2.59		Coimbra	2.69
	Daejeon	0.49		Pécs	3.48		Faro	2.32
	Ulsan	0.83		Kaposvár	2.05	Suède	Stockholm	2.52
	Gyeounggi	0.59	Israël	Jérusalem	2.76		Göteborg	4.59
Danemark	Aalborg	9.48	Italie	Bologne	2.40		Malmö	3.22
	Aarhus	9.80		Milan	0.83		Uppsala	4.55
	Copenhague	7.63		Naples	1.78		Linköping	4.64
	Esbjerg	8.52		Rome	1.78	Suisse	Genève	4.52
	Odense	9.37		Turin	2.25		Zürich	4.65
États-Unis	New York	3.94	Japon	Nagoya	1.67		Lausanne	4.36
	Washington D.C.	4.18		Osaka	1.53		Bale	4.57
	Los Angeles	2.72		Hiroshima	1.90		Berne	6.22

Source : Association internationale de l'eau (2014), *International Statistics for Water Services.*

StatLink http://dx.doi.org/10.1787/888933365503

Traitement des eaux usées

La qualité de l'eau (physique, chimique, bactériologique, biologique) est influencée par les prélèvements d'eau, par les charges polluantes émanant des activités humaines (agriculture, industrie, ménages) ainsi que par le climat et les conditions météorologiques.

Si les pressions exercées par les activités humaines atteignent une intensité telle qu'elles nécessitent de recourir à des traitements toujours plus poussés et coûteux pour contrer la dégradation de la qualité de l'eau, ou qu'elles entraînent une forte baisse du nombre d'espèces animales et végétales présentes dans les cours d'eau et les lacs, la durabilité de l'utilisation des ressources en eau est sujette à caution.

Définitions

L'indicateur présenté ici concerne le taux de raccordement au traitement des eaux usées, c'est-à-dire le pourcentage de la population nationale qui est raccordé à une station d'épuration. Les taux de raccordement aux réseaux d'assainissement sont donnés à titre de complément d'information.

Par « raccordé », on entend relié physiquement à une station d'épuration par un réseau d'égouts public. Cela exclut donc les installations privées indépendantes (telles que les fosses septiques) qui sont utilisées dans les endroits où le raccordement au réseau public n'est pas rentable.

Les données montrent le taux de raccordement global et la proportion de la population raccordée à une station d'épuration appliquant un traitement secondaire et/ou tertiaire des eaux usées, afin de donner une indication des efforts faits pour réduire les charges polluantes.

- Le traitement primaire désigne le traitement des eaux usées par un procédé physique et/ou chimique comprenant la décantation des matières solides en suspension ou par d'autres procédés par lesquels la DBO5 des eaux usées entrantes est réduite d'au moins 20 % avant le rejet et le total des matières solides en suspension des eaux usées entrantes, d'au moins 50 %.
- Le traitement secondaire désigne le traitement des eaux usées par un procédé comprenant généralement un traitement biologique avec décantation secondaire ou par un autre procédé permettant de réduire d'au moins 70 % la DBO et d'au moins 75 % la DCO.
- Le traitement tertiaire désigne le traitement de l'azote et/ou du phosphore et/ou de tout autre polluant se répercutant sur la qualité de l'eau ou sur la possibilité de l'affecter à un usage particulier (pollution microbiologique, coloration, etc.).

Cet indicateur doit être mis en relation avec les données sur les dépenses publiques consacrées à l'épuration des eaux usées. Il convient également de prendre en compte le taux de raccordement national optimal, qui n'est pas forcément de 100 %, puisqu'il peut varier selon les pays et dépend des caractéristiques géographiques et de la répartition spatiale de l'habitat.

En bref

Au cours des dernières décennies, les pays de l'OCDE ont fait des progrès dans la lutte contre la pollution de l'eau d'origine domestique, de même que dans le développement des infrastructures d'assainissement et d'épuration des eaux usées.

- La part de la population raccordée à une station d'épuration municipale est passée d'environ 50 % au début des années 80 à environ 60 % au début des années 90 pour s'établir à près de 80 % aujourd'hui.
- En raison de la diversité des modes d'habitat et des situations économiques et environnementales, et du fait que tous les pays n'ont pas commencé à agir au même moment ni progressé au même rythme, le taux de raccordement aux stations d'épuration varie selon les pays de l'OCDE, et il en va de même pour le niveau de traitement : les traitements secondaire et tertiaire ont progressé dans certains pays, alors que le traitement primaire occupe toujours une place importante dans d'autres.
- Les pays de l'OCDE ayant un PIB par habitant relativement faible se trouvent encore dans la phase intense de développement des infrastructures, qui peut représenter des investissements de l'ordre de 1 % du PIB. Quant aux pays de l'OCDE dont les infrastructures hydrauliques datent d'il y a plusieurs dizaines d'années, ils doivent à présent relever le défi de la rénovation. Certains pays ont atteint les limites de ce qu'il est économiquement possible de faire et doivent trouver d'autres moyens de desservir les petits lotissements isolés et de faire en sorte que les petites stations d'épuration indépendantes fonctionnent et soient surveillées convenablement.

Comparabilité

Il existe des données sur la part de la population raccordée à une station d'épuration pour quasiment tous les pays de l'OCDE. Dans certains, ces données se rapportent aux équivalents habitants et ne sont donc pas pleinement comparables. Les informations sur le niveau de traitement des eaux usées et les redevances d'assainissement restent incomplètes.

Les données comportent des estimations.

Voir les notes complémentaires à l'annexe.

Source

OCDE (2015) « Eau: Traitement des eaux usées », *Statistiques de l'OCDE sur l'environnement* (base de données), *http://dx.doi.org/10.1787/data-00604-fr*.

Pour en savoir plus

OCDE (2012), *Perspectives de l'environnement de l'OCDE à l'horizon 2050: Les conséquences de l'inaction*, Éditions OCDE, Paris, *http://dx.doi.org/10.1787/env_outlook-2012-fr*.

Travaux de l'OCDE sur l'eau, *www.oecd.org/fr/environnement/ressources/ledefideleaulareponsedelocde.htm*.

Informations sur les données concernant Israël : *http://dx.doi.org/10.1787/888932315602*.

Graphique 1.23. **Taux de raccordement au traitement des eaux usées, 2013 ou dernière année disponible**

% de la population nationale raccordée à une station d'épuration des eaux usées

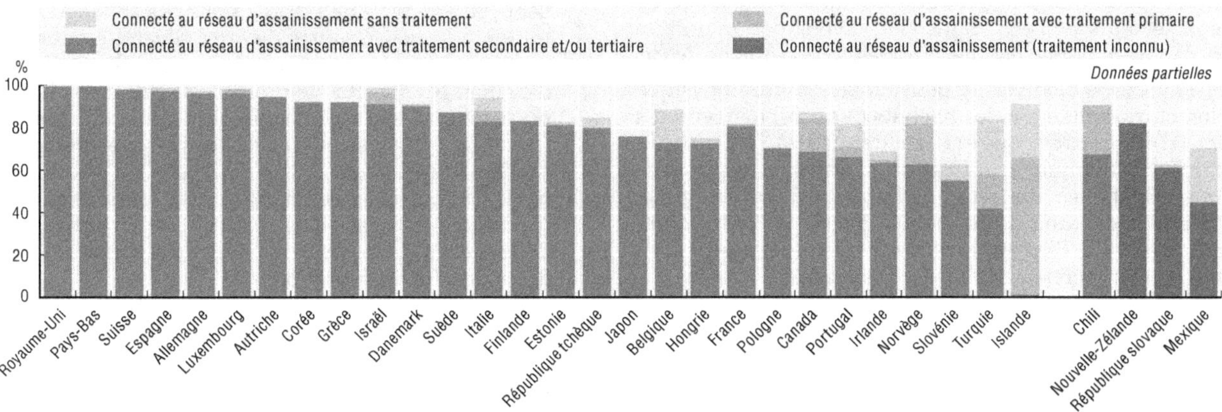

Source : OCDE (2015), « Traitement des eaux usées (% de la population connectée) », *Statistiques de l'OCDE sur l'environnement* (base de données).

StatLink http://dx.doi.org/10.1787/888933365104

Tableau 1.7. **Taux de raccordement au traitement des eaux usées, pourcentage de la population**

	Taux de traitement des eaux usées									Taux de connection à l'assainissement public
	Début 1990s			Début 2000s			2013 ou dernière disponible			2013 ou dernière disponible
	Total	*dont :* Traitement secondaire	Traitement tertiaire	Total	*dont :* Traitement secondaire	Traitement tertiaire	Total	*dont :* Traitement secondaire	Traitement tertiaire	Total
Allemagne	86	32	48	93	5	88	96	3	93	97
Australie	..	..	..	..	..	..	..	..	..	..
Autriche	72	60	7	85	..	..	95	1	94	95
Belgique	..	..	..	41	6	36	73	9	63	88
Canada	62	21	27	87	48	19	84	53	15	87
Chili	..	..	..	72	2	48	91	4	63	..
Corée	33	..	..	71	69	1	92	10	82	92
Danemark	85	42	29	88	4	83	91	2	88	91
Espagne	48	..	..	81	65	15	98	29	68	99
Estonie	68	31	..	69	28	40	82	7	74	83
États-Unis	70	34	28	75	34	39	..	..	..	..
Finlande	76	0	76	80	0	80	83	0	83	83
France	69	..	..	79	51	26	82	44	29	82
Grèce	11	11	0	..	..	..	92	6	86	92
Hongrie	20	14	1	46	24	6	73	16	57	75
Irlande	44	21	0	70	21	8	65	49	14	69
Islande	2	0	0	33	0	0	66	0	1	91
Israel	77	32	28	87	40	34	97	39	52	99
Italie	61	..	..	82	..	..	88	34	49	94
Japon	44	42	2	62	54	8	76	55	20	76
Luxembourg	90	..	..	95	66	22	98	27	70	98
Mexique	22	19	0	23	..	..	50	..	..	..
Norvège	57	1	43	74	1	51	82	1	61	85
Nouvelle Zélande	80	33	40	81	26	40	82	..	..	..
Pays-Bas	94	84	8	98	17	82	99	1	99	99
Pologne	34	..	..	54	30	20	70	14	56	70
Portugal	21	11	0	57	26	9	71	47	19	81
République slovaque	43	..	..	51	..	..	61	..	..	62
République tchèque	50	..	..	64	..	..	80	8	72	85
Royaume-Uni	87	65	14	..	..	..	100	50	50	100
Slovénie	..	..	..	36	15	2	55	33	22	63
Suède	94	9	85	86	5	81	87	4	83	87
Suisse	90	28	62	96	22	74	98	11	87	98
Turquie	7	1	0	26	15	4	58	20	22	84
OCDE	**57**	**34**	**18**	**67**	**34**	**29**	**77**	**28**	**42**	**81**
OCDE Amérique	61	29	21	63	29	28	67	28	28	72
OCDE Asie-Océanie	42	41	2	65	57	7	81	43	39	81
OCDE Europe	59	35	21	71	29	37	84	23	56	89

Note : Voir les notes par pays à l'annexe.

Source : OCDE (2015), « Traitement des eaux usées (% de la population connectée) », *Statistiques de l'OCDE sur l'environnement* (base de données).

StatLink http://dx.doi.org/10.1787/888933365510

Diversité biologique

Les ressources biologiques sont des composantes essentielles des écosystèmes et du capital naturel et fournissent les matières premières nécessaires à la production et à la croissance de nombreux secteurs de l'économie. Leur diversité joue un rôle essentiel dans le maintien des mécanismes et de la qualité de vie.

Les pressions sur la biodiversité peuvent être d'ordre physique (altération et morcellement des habitats dus aux changements d'affectation et de couverture des sols), chimique (contamination toxique, acidification, marées noires, autres pollutions imputables aux activités humaines) ou biologique (altération de la dynamique des populations et de la structure des espèces due à l'introduction d'espèces exogènes ou l'exploitation commerciale des espèces sauvages).

Définitions

Les indicateurs présentés ici portent sur des aspects particuliers de la biodiversité :

- Le nombre d'espèces menacées par rapport au nombre d'espèces connues ou étudiées. Par « espèces menacées », on désigne les catégories « en danger », « en danger critique d'extinction » et « vulnérables ». Les données portent sur les mammifères, les oiseaux, les plantes vasculaires, les amphibiens et les reptiles.
- Les indices d'abondance des populations d'oiseaux spécialistes en Amérique du Nord et en Europe.
- Certaines zones protégées terrestres, à savoir les zones relevant des catégories de gestion I à VI dans la classification de l'Union internationale pour la conservation de la nature (UICN). Les zones de nature sauvage, réserves naturelles intégrales et parcs nationaux (catégories Ia/Ib et II) correspondent au degré le plus élevé de protection.

Ces indicateurs doivent être mis en relation avec les données sur la densité démographique et la densité des activités humaines, ainsi que sur l'exploitation durable de la biodiversité (ressources forestières et halieutiques, par exemple) et sur l'altération des habitats.

En bref

Les pressions sur les écosystèmes mondiaux et leurs espèces s'aggravent. De nombreux écosystèmes naturels sont dégradés, ce qui limite les services écosystémiques qu'ils fournissent.

Dans la plupart des pays de l'OCDE, le nombre d'espèces en danger est en augmentation. De nombreuses espèces sont menacées par la modification ou la disparition de leur habitat, aussi bien à l'intérieur des zones protégées qu'à l'extérieur (exploitations agricoles, forêts, etc.). Les amphibiens sont davantage menacés que les oiseaux et les mammifères. Les menaces sont particulièrement fortes dans les pays densément peuplés et où les activités humaines sont très concentrées.

Les populations d'oiseaux spécialistes ont baissé de près de 30 % en 40 ans. C'est dans les prairies et zones arides d'Amérique du Nord et sur les terres agricoles d'Europe que ce recul a été le plus marqué. Les populations des espèces communes d'oiseaux spécialistes des forêts sont restées stables malgré des fluctuations.

La superficie des zones protégées a progressé dans beaucoup de pays de l'OCDE, mais ces zones ne sont pas toujours représentatives de la biodiversité nationale, ni suffisamment bien reliées entre elles. Il reste difficile d'évaluer les niveaux de protection réels, dans la mesure où les zones protégées changent au fil du temps : de nouvelles aires sont désignées, les périmètres sont redéfinis et des sites disparaissent ou subissent des modifications sous l'effet d'activités économiques ou de processus naturels. Les résultats environnementaux dépendent à la fois du classement de la zone considérée et de l'efficacité de sa gestion.

Comparabilité

Des données sur les espèces menacées sont disponibles pour tous les pays de l'OCDE, mais elles sont plus ou moins complètes selon les cas. Le nombre des espèces connues ou étudiées ne représente pas toujours avec précision le nombre des espèces existantes, et les définitions, censées suivre les normes de l'UICN, sont appliquées avec plus ou moins de rigueur au niveau national. En règle générale, les données rétrospectives ne sont pas comparables ou pas disponibles.

Il existe des données sur les zones protégées pour tous les pays de l'OCDE. Bien qu'harmonisées par le Centre mondial de surveillance continue de la conservation de la nature (WCMC), les définitions peuvent encore varier d'un pays à l'autre.

Voir les notes complémentaires à l'annexe.

Sources

AEE (2015), *Common Database on Designated Areas (CDDA)*, *www.eea.europa.eu/data-and-maps/data/nationally-designated-areas-national-cdda-9*.

North American Breeding Bird Survey and European Bird Census Council ; The Royal Society for the Protection of Birds (RSPB) ; BirdLife International ; Statistics Netherlands.

OCDE (2015), « Espèces menacées », *Statistiques de l'OCDE sur l'environnement* (base de données), *http://dx.doi.org/10.1787/data-00605-fr*.

PNUE (2015), *The World Database on Protected Areas* (WDPA), *www.protectedplanet.net*.

Pour en savoir plus

Biodiversity Indicators Partnership (BIP), *www.bipindicators.net*.

OCDE (2015), « OECD Work on Biodiversity », *www.oecd.org/env/resources/OECD-work-on-biodiversity-and-ecosystems.pdf*.

OCDE (2012), *Perspectives de l'environnement de l'OCDE à l'horizon 2050: Les conséquences de l'inaction*, Éditions OCDE, Paris, *http://dx.doi.org/10.1787/env_outlook-2012-fr*.

Union internationale pour la conservation de la nature (UICN), *www.iucn.org/fr/*.

Informations sur les données concernant Israël : *http://dx.doi.org/10.1787/888932315602*.

Graphique 1.24. **Espèces menacées de mammifères, d'oiseaux et de plantes vasculaires, dernière année disponible**

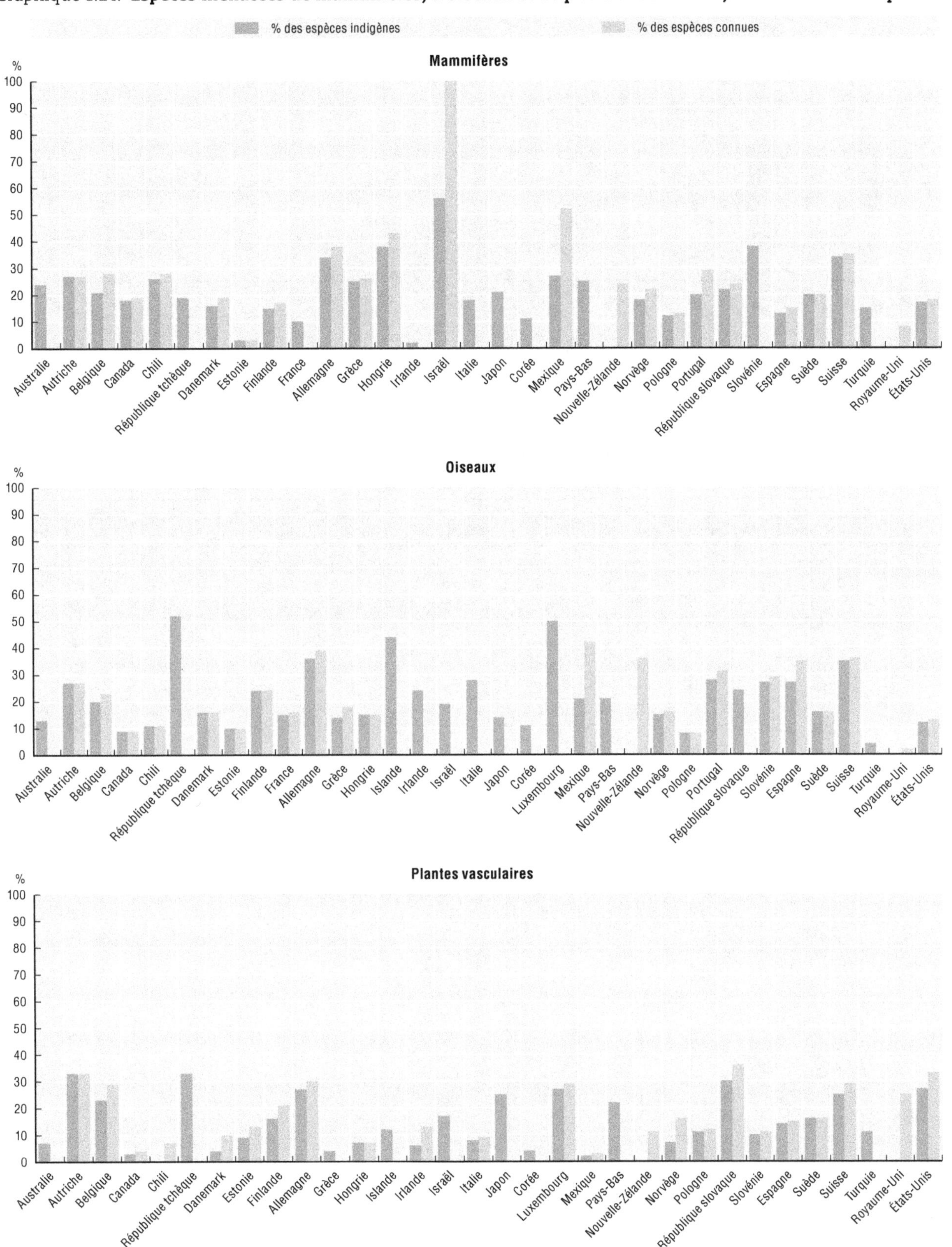

Source : OCDE (2015), « Espèces menacées », *Statistiques de l'OCDE sur l'environnement* (base de données).

StatLink http://dx.doi.org/10.1787/888933365118

Graphique 1.25. **Espèces menacées d'amphibiens, dernière année disponible**

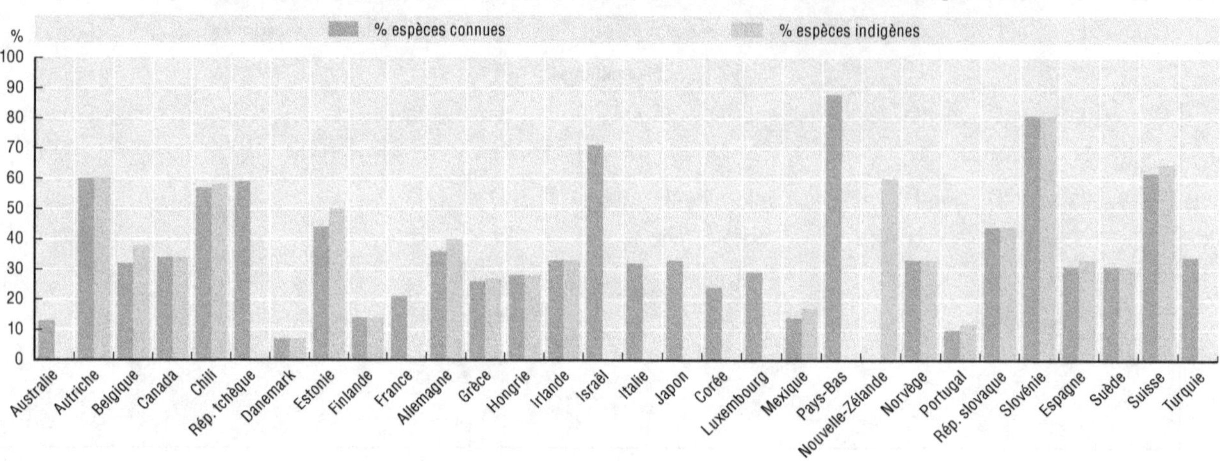

Source : OCDE (2015), « Espèces menacées », *Statistiques de l'OCDE sur l'environnement* (base de données).

StatLink http://dx.doi.org/10.1787/888933365129

Tableau 1.8. **Espèces menacées de mammifères, d'oiseaux et de plantes vasculaires, dernière année disponible**

	Mammifères		Oiseaux		Plantes vasculaires		Amphibiens		Reptiles	
	Espèces connues ou évaluées, nombre	Espèces menacées, %	Espèces connues ou évaluées, nombre	Espèces menacées, %	Espèces connues ou évaluées, nombre	Espèces menacées, %	Espèces connues ou évaluées, nombre	Espèces menacées, %	Espèces connues ou évaluées, nombre	Espèces menacées, %
Allemagne	93	34	264	36	3 272	27	22	36	13	62
Australie	387	24	872	13	19 462	7	226	13	933	6
Autriche	101	27	242	27	2 950	33	20	60	14	64
Belgique	84	21	220	20	1 818	23	19	32	10	40
Canada	218	18	664	9	5 111	3	47	34	48	60
Chili	175	26	461	11	..	..	63	57	131	25
Corée	124	11	522	11	5 308	4	21	24	31	16
Danemark	67	16	209	16	2 909	4	15	7	8	..
Espagne	158	13	368	27	8 750	14	36	31	74	26
Estonie	65	3	377	10	1 928	9	9	44	2	50
États-Unis	453	17	831	12	19 569	27	270	40	345	18
Finlande	72	15	248	24	1 240	16	7	14	5	20
France	100	10	568	15	9 096	..	34	21	34	21
Grèce	115	25	440	14	5 850	4	23	26	66	14
Hongrie	90	38	393	15	2 510	7	18	28	15	33
Irlande	57	2	457	24	2 001	6	3	33	3	33
Islande	4	..	75	44	438	12	..	..	..	..
Israël	105	56	210	19	2 288	17	7	71	105	33
Italie	126	18	267	28	6 711	8	44	32	56	20
Japon	160	21	700	14	7 000	25	66	33	98	37
Luxembourg	..	..	54	50	1 323	27	14	29	6	33
Mexique	564	27	1123	21	25 008	2	376	14	864	19
Norvège	88	18	248	15	2 962	7	6	33	6	..
Nouvelle Zélande	65	..	210	..	4 930	..	8	..	100	..
Pays-Bas	48	25	213	21	1 490	22	8	88	7	71
Pologne	109	12	453	8	2 933	11	18	..	11	27
Portugal	158	20	393	28	3 607	..	20	10	49	20
République slovaque	90	22	211	24	3 352	30	18	44	12	42
République tchèque	91	19	210	52	3 557	33	22	59	13	62
Royaume-Uni	101	..	272	..	2 951	..	20	..	33	..
Slovénie	89	38	387	27	3 452	10	21	81	24	75
Suède	65	20	257	16	2 192	16	13	31	6	33
Suisse	87	34	205	35	2 981	25	21	62	19	79
Turquie	150	15	477	4	11 707	11	29	34	129	9

Note : Voir les notes par pays à l'annexe.

Source : OCDE (2015), « Espèces menacées », *Statistiques de l'OCDE sur l'environnement* (base de données).

StatLink http://dx.doi.org/10.1787/888933365523

Graphique 1.26. **Indice d'abondance des populations d'oiseaux spécialistes en Amérique du Nord et en Europe**

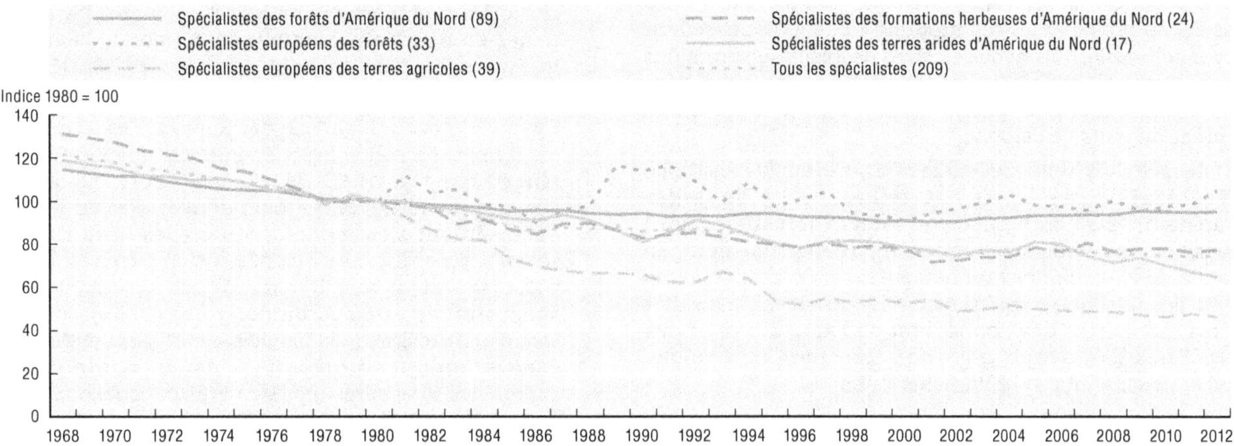

Source : North American Breeding Bird Survey et European Bird Census Council ; RSPB ; BirdLife International ; Statistics Netherlands.

StatLink http://dx.doi.org/10.1787/888933365137

Graphique 1.27. **Zones protégées, 2013**

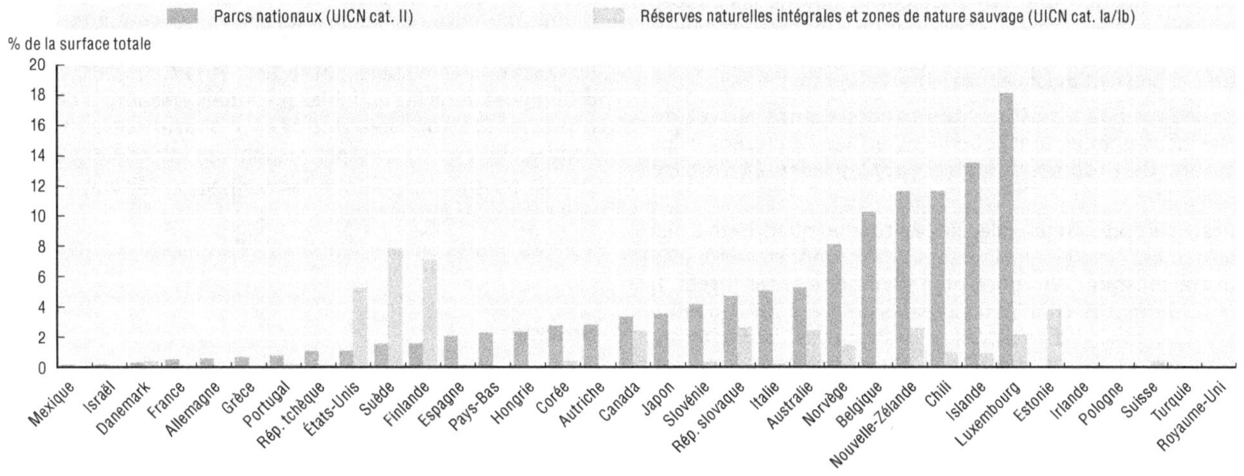

Parcs nationaux (UICN cat. II) | Réserves naturelles intégrales et zones de nature sauvage (UICN cat. Ia/Ib)

% de la surface totale

20 18 16 14 12 10 8 6 4 2 0

Mexique, Israël, Danemark, France, Allemagne, Grèce, Portugal, Rép. tchèque, États-Unis, Suède, Finlande, Espagne, Pays-Bas, Hongrie, Corée, Autriche, Canada, Japon, Slovénie, Rép. slovaque, Italie, Australie, Norvège, Belgique, Nouvelle-Zélande, Chili, Islande, Luxembourg, Estonie, Irlande, Pologne, Suisse, Turquie, Royaume-Uni

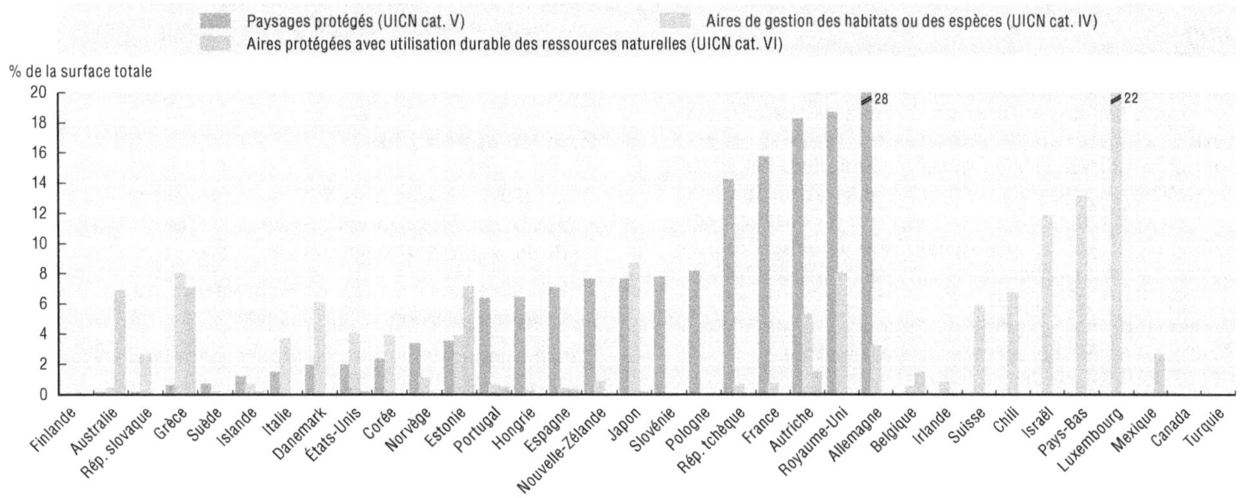

Paysages protégés (UICN cat. V) | Aires de gestion des habitats ou des espèces (UICN cat. IV) | Aires protégées avec utilisation durable des ressources naturelles (UICN cat. VI)

% de la surface totale

20 18 16 14 12 10 8 6 4 2 0

28 22

Finlande, Australie, Rép. slovaque, Grèce, Suède, Islande, Italie, Danemark, États-Unis, Corée, Norvège, Estonie, Portugal, Hongrie, Espagne, Nouvelle-Zélande, Japon, Slovénie, Pologne, Rép. tchèque, France, Autriche, Royaume-Uni, Allemagne, Belgique, Irlande, Suisse, Chili, Israël, Pays-Bas, Luxembourg, Mexique, Canada, Turquie

Source : PNUE-WCMC (2014), *The World Database on Protected Areas (WDPA)* ; AEE (2015), *Common Database on Designated Areas (CDDA)*.

StatLink http://dx.doi.org/10.1787/888933365142

Utilisation des ressources forestières

Les forêts font partie des écosystèmes les plus divers et les plus répandus sur terre. Leurs fonctions sont nombreuses : elles fournissent du bois et d'autres produits forestiers, possèdent une valeur culturelle, offrent des espaces de loisirs, assurent des services écosystémiques, notamment par leur action régulatrice sur le sol, l'air et l'eau, constituent des réservoirs de biodiversité et font office de puits de carbone.

L'impact des activités humaines sur leur santé et sur la croissance et la régénération des forêts naturelles suscite de larges préoccupations. De nombreuses ressources forestières sont menacées pour cause de surexploitation, de morcellement, de dégradation de la qualité environnementale et de changements d'affection des sols. Les pressions sont principalement le résultat d'activités humaines : développement de l'agriculture et des infrastructures de transport, gestion forestière non viable, pollution atmosphérique et brûlage des forêts.

Les forêts sont inégalement réparties : les dix pays les plus riches en forêts représentent deux tiers de la superficie forestière totale de la planète. Les pays de l'OCDE abritent un quart environ des forêts mondiales.

Depuis 50 ans, la superficie des forêts et des terres boisées est demeurée stable ou a légèrement augmenté dans la plupart des pays de l'OCDE. En revanche, elle a diminué à l'échelle mondiale, ce qui tient entre autres au fait que le déboisement s'est poursuivi dans les pays tropicaux, souvent pour répondre aux besoins en terres agricoles, en pâturages ou en bois. D'après l'étude sur l'économie des écosystèmes et de la biodiversité (TEEB), au niveau mondial, l'érosion de la biodiversité et la perte de services écosystémiques provoquées par la diminution des superficies forestières représentent un coût total compris entre 2 000 et 5 000 milliards USD par an.

Définitions

L'indicateur présenté ici concerne l'intensité d'utilisation des ressources forestières (bois). Il rapporte la récolte ou l'abattage effectif à la capacité productive annuelle. La capacité productive annuelle peut être soit une valeur calculée, comme les coupes annuelles admissibles, soit une estimation de l'accroissement annuel du stock existant. Il est à noter que les moyennes nationales présentées ici peuvent masquer des variations entre les forêts.

Des données sur la variation de la récolte annuelle et de l'accroissement annuel, ainsi que la superficie des forêts et les exportations de produits forestiers sont présentées à titre complémentaire.

Ces indicateurs donnent une idée de la situation quantitative des ressources forestières. Ils représentent des moyennes nationales qui peuvent masquer d'importantes variations entre forêts. Il convient de les mettre en relation avec les données sur la qualité des forêts (diversité des essences et des espèces, dégradation, morcellement) et de les compléter par des données sur les pratiques de gestion et les mesures de protection des forêts.

En bref

À l'échelon national, la plupart des pays de l'OCDE se caractérisent par une utilisation durable des ressources forestières en termes quantitatifs, mais il existe d'importantes différences au niveau infranational et entre les pays. Dans les pays pour lesquels on dispose de données portant sur une longue période, l'intensité d'utilisation des ressources n'a en général pas augmenté et a même diminué dans la plupart des cas depuis les années 50. Depuis 2000, la demande de bois pour répondre aux objectifs gouvernementaux en matière de ressources énergétiques renouvelables revêt une importance grandissante.

Comparabilité

Pour la plupart des pays de l'OCDE, des données sur l'intensité d'utilisation des ressources forestières peuvent être dérivées des comptes forestiers et des statistiques et évaluations forestières internationales établies par la FAO et la CEE-ONU, même si des différences dans les variables mesurées entraînent des difficultés d'interprétation. Les données historiques sont rarement comparables ou ne sont pas disponibles sur de longues périodes.

Dernière année disponible : les données antérieures à 2009 n'ont pas été prises en compte.

Voir les notes complémentaires à l'annexe.

Sources

FAO (2015), FAOSTAT (base de données), *http://faostat.fao.org*.

FAO (2010), *Les évaluations des ressources forestières mondiales*, *www.fao.org/forest-resources-assessment/fr*.

OCDE (2015), « Ressources forestières », *Statistiques de l'OCDE sur l'environnement* (base de données), *http://dx.doi.org/10.1787/data-00600-fr*.

Pour en savoir plus

OCDE (2012), *Perspectives de l'environnement de l'OCDE à l'horizon 2050: Les conséquences de l'inaction*, Éditions OCDE, Paris, *http://dx.doi.org/10.1787/env_outlook-2012-fr*.

TEEB, The Economics of Ecosystems and Biodiversity, *www.teebweb.org*.

Informations sur les données concernant Israël : *http://dx.doi.org/10.1787/888932315602*.

Graphique 1.28. **Intensité d'utilisation des ressources forestières, dernière année disponible**

Abattages en % de l'accroissement annuel

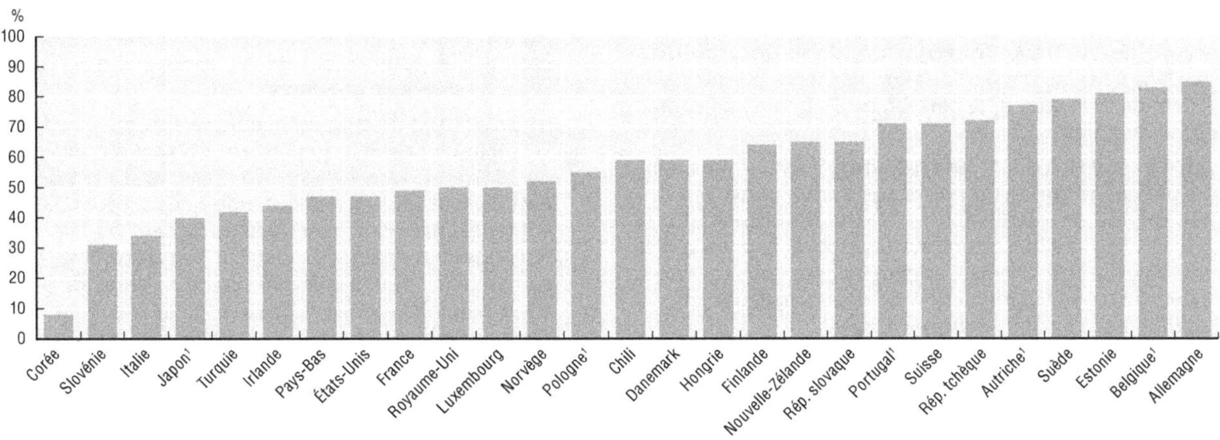

1. Les données se rapportent au milieu des années 2000.

Source : OCDE (2015), « Ressources forestières », *Statistiques de l'OCDE sur l'environnement* (base de données).

StatLink http://dx.doi.org/10.1787/888933365155

Tableau 1.9. **Ressources forestières**

	Abattages annuels	Accroissement annuel	Intensité d'utilisation des ressources forestières							Forêts	Exportations de produits forestiers
	Millions de m³	Millions de m³	Abattages en % de l'accroissement annuel							% surface totale	% des exportations nationales
	2013 ou dernière année disponible	2013 ou dernière année disponible	Années 50	Années 70	Années 80	Années 90	Années 2000	Milieu des années 2000	2013 ou dernière année disponible	2012	2013
Allemagne	94	111.1	..	..	..	..	75	84	85	32	1.2
Australie	26	..	..	..	..	..	..	..	..	19	0.6
Autriche	..	..	..	..	..	66	..	77	..	47	3.1
Belgique	..	..	..	..	..	85	65	83	..	22	1.1
Canada	152	..	..	..	..	..	..	..	..	34	4.3
Chili	57	95.9	183	..	..	30	45	53	59	22	5.2
Corée	11	111.9	..	..	4	..	..	2	8	64	0.4
Danemark	4	6.7	85	118	75	36	59	53	59	13	0.3
Espagne	20	..	..	..	..	..	..	..	..	37	1.1
Estonie	0	0.0	46	41	40	43	111	57	81	52	5.0
États-Unis	354	748.2	78	73	68	84	73	62	47	33	1.2
Finlande	67	103.7	89	101	83	67	73	64	64	73	13.5
France	51	102.7	..	..	81	82	..	56	49	29	0.9
Grèce	1	..	..	..	71	55	..	..	..	31	0.2
Hongrie	8	13.0	..	60	70	67	62	56	59	23	0.9
Irlande	3	7.7	..	..	..	..	72	72	44	11	0.2
Islande	..	..	..	..	..	..	..	..	..	0	0.0
Israël	..	..	..	..	..	..	..	..	..	7	0.1
Italie	13	37.2	88	..	43	42	42	37	34	32	0.8
Japon	46	..	..	172	72	55	29	40	..	69	0.4
Luxembourg	0	0.8	..	..	..	72	..	49	50	33	0.2
Mexique	6	..	..	..	23	24	..	..	..	33	0.1
Norvège	13	25.3	88	63	61	62	46	49	52	28	0.8
Nouvelle Zélande	26	40.4	..	..	..	..	54	51	65	31	6.9
Pays-Bas	1	2.7	..	..	..	55	57	45	47	11	0.7
Pologne	38	..	49	56	59	50	53	55	..	31	1.6
Portugal	13	..	..	..	..	70	63	71	..	38	3.6
Rep. slovaque	8	12.0	95	64	66	54	56	88	65	40	1.4
Rep. tchèque	17	23.8	60	60	72	78	73	76	72	34	1.6
Royaume-Uni	11	20.8	..	35	32	44	47	51	50	12	0.3
Slovenie	3	10.8	..	70	64	46	24	29	31	62	3.2
Suède	85	113.5	83	87	81	64	78	85	79	69	6.3
Suisse	7	10.5	..	..	..	..	76	73	71	32	0.3
Turquie	18	42.9	..	67	82	52	..	..	42	15	0.4
OCDE										**30**	**1.3**

Note : Voir les notes par pays à l'annexe.

Source : OCDE (2015), « Ressources forestières », *Statistiques de l'OCDE sur l'environnement* (base de données) ; FAO (2015), FAOSTAT (base de données).

StatLink http://dx.doi.org/10.1787/888933365531

Utilisation des ressources halieutiques

Les ressources halieutiques sont essentielles à l'alimentation humaine et aux écosystèmes aquatiques. Le poisson est l'un des produits alimentaires les plus échangés à l'international, et une source importante de revenus et d'emploi. Le poisson représente environ 20 % de la consommation mondiale de protéines animales. Dans certains pays, dont au moins deux membres de l'OCDE (l'Islande et le Japon), le poisson est la principale source de protéines animales.

Les principales pressions sur les ressources halieutiques sont dues à la pêche, à l'aménagement des zones côtières, à la pollution d'origine terrestre, aux transports maritimes et aux rejets en mer. Elles se répercutent sur les stocks de poissons et les habitats marins et dulcicoles, et elles ont des conséquences pour la biodiversité et la production de poissons destinés à la consommation humaine et à d'autres usages.

Définitions

Les indicateurs présentés ici portent sur les captures de poisson nationales et leur évolution dans le temps. Les données sur les captures de poisson excluent les baleines, les phoques, d'autres animaux aquatiques, les plantes aquatiques et divers produits aquatiques.

À titre de complément d'information, l'évolution de la production aquacole est présentée pour donner des indications sur le passage de l'exploitation des ressources sauvages à une production davantage industrialisée. Il existe cependant des liens étroits entre les deux secteurs.

Ces indicateurs traitent des ressources halieutiques sous l'angle quantitatif. Ils doivent être complétés par des données sur la situation biologique des stocks de poissons.

En bref

L'augmentation observée des captures mondiales de poisson s'explique en partie par l'exploitation de nouvelles espèces et/ou d'espèces de moindre valeur, et par le développement de l'aquaculture. La pêche illégale, non déclarée et non réglementée (INN) est très répandue et fait obstacle à la réalisation des objectifs de gestion durable des pêcheries.

Les pêches de capture et l'aquaculture ont produit en 2013 plus de 163 millions de tonnes de poisson destiné à l'alimentation, et l'offre apparente par habitant se situait en 2012 à 19.2 kg, contre 9.9 kg en moyenne dans les années 60.

L'aquaculture a dépassé dans beaucoup de pays les pêches de capture en tant que source de produits halieutiques. En 2013, elle a représenté environ 43 % de la production halieutique mondiale (soit 70.2 millions de tonnes). Cette expansion a été plus ou moins rapide selon les régions du monde. Les pays de l'OCDE ont été à l'origine d'environ 8.1 % de la production aquacole mondiale, les plus gros producteurs parmi eux étant la Norvège, le Chili et le Japon.

À l'inverse des pêches de capture, l'aquaculture offre la possibilité de recourir à des systèmes de production et pratiques de gestion spécifiques pour améliorer la production alimentaire tout en réduisant les pressions exercées sur les stocks naturels.

Toutefois, elle a aussi des effets négatifs sur les écosystèmes locaux, et sa dépendance à l'égard des farines/huiles de poisson, du moins pour l'élevage des espèces carnivores, peut accentuer les pressions qui pèsent sur certains stocks de poissons.

La proportion de stocks halieutiques marins évalués dont l'exploitation est biologiquement viable a diminué, passant de 90 % en 1974 à 71 % en 2011. Dix pour cent des stocks évalués sont sous-exploités, tandis que 61 % sont pleinement exploités, avec des prises qui atteignent ou avoisinent le rendement maximum soutenable. La part restante (29 %) est surexploitée, c'est-à-dire soumise à un effort de pêche qui n'est pas viable biologiquement ; ces stocks produisent moins que leur potentiel maximal en raison des pressions exercées par la surpêche dans le passé. Il convient cependant de noter qu'il existe un grand nombre de stocks dont il n'a pas encore été possible de déterminer l'état.

La production mondiale des pêches de capture marine a culminé à environ 74 millions de tonnes en 1996, avant de décliner légèrement pour s'établir à environ 66 millions de tonnes en 2013. L'anchois du Pérou reste l'espèce la plus pêchée dans le monde.

Comparabilité

Des données assez détaillées sur la production halieutique sont disponibles pour la plupart des pays de l'OCDE auprès de sources internationales (notamment la FAO). Les séries chronologiques présentées sont relativement complètes et cohérentes d'une année sur l'autre, mais certaines variations temporelles peuvent refléter des modifications des systèmes de notification nationaux.

Les données pour le Danemark ne comprennent pas le Groenland ni les Îles Féroé.

Voir les notes complémentaires à l'annexe.

Source

FAO (2015), *FISHSTAT* (base de données), *www.fao.org/fishery/topic/166235/en.*

Pour en savoir plus

FAO (2014), *La situation mondiale des pêches et de l'aquaculture*, *www.fao.org/3/a-i3720f/index.html.*

Conseil international pour l'exploration de la mer (CIEM), *www.ices.dk.*

OCDE, Travaux sur les pêcheries, *www.oecd.org/fr/agriculture/pecheries.*

OCDE (2015a), *La croissance verte dans les pêches et l'aquaculture*, Études de l'OCDE sur la croissance verte, Éditions OCDE, Paris, *http://dx.doi.org/10.1787/9789264248397-fr.*

OCDE (2015b), « Pêcheries », *Statistiques agricoles de l'OCDE* (base de données), *http://dx.doi.org/ 10.1787/agr-fish-data-fr.*

Informations sur les données concernant Israël : *http://dx.doi.org/10.1787/888932315602.*

Graphique 1.29. **Variation des captures de poissons depuis 2000**

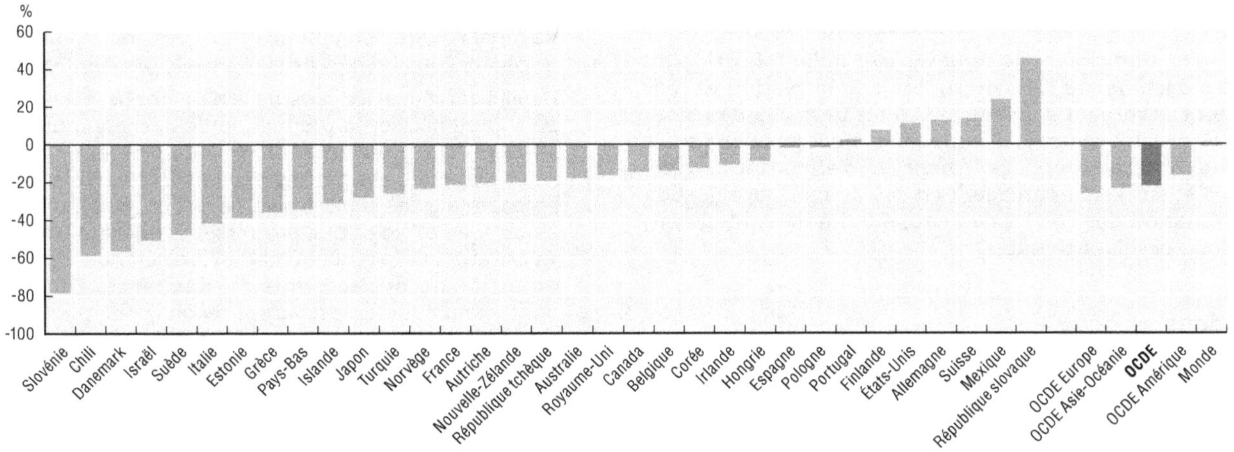

Source : FAO (2015), *FISHSTAT* (base de données).

StatLink http://dx.doi.org/10.1787/888933365169

Tableau 1.10. **Captures de poissons et aquaculture**

	Total de prises de poisson			Approvisionnement alimentaire – équivalent primaire			Total de prises de poisson	Prises marines	Production de l'aquaculture		
	Total			Par habitant			Part dans les prises mondiales	Part du total			
	1 000 tonnes	% variation	% variation	Kg/habitant	% variation	% variation	%	%	1 000 tonnes	% variation	% variation
	2013	Depuis 1990	Depuis 2000	2013	Depuis 1990	Depuis 2000	2013	2013	2013	1990-2013	2000-13
Allemagne	230	-30	13	2.8	2	-1	0.2	87.2	25	-61	-62
Australie	157	-25	-18	6.8	36	22	0.2	66.2	76	513	140
Autriche	0	-34	-20	0.0	10	6	0.0	x	3	4	14
Belgique	26	-38	-14	2.3	12	9	0.0	86.3	0	-69	-89
Canada	852	-48	-15	24.1	28	15	0.9	41.9	172	318	35
Chili	1 771	-66	-59	100.9	33	14	1.9	88.0	1 033	3 084	164
Corée	1 598	-35	-12	31.8	17	7	1.7	68.2	402	7	37
Danemark	668	-55	-56	119.8	9	5	0.7	91.5	32	-25	-28
Espagne	1 034	-7	-2	22.5	19	14	1.1	91.4	224	10	-28
Estonie	69	-80	-39	52.6	-16	-4	0.1	83.0	1	-22	226
États-Unis	5 231	-6	11	16.5	27	12	5.6	69.5	441	40	-3
Finlande	168	26	7	30.9	9	5	0.2	79.8	14	-27	-12
France	494	-20	-21	7.7	13	8	0.5	81.9	202	-21	-24
Grèce	64	-52	-36	5.6	12	4	0.1	80.8	145	1 418	52
Hongrie	6	-60	-9	0.7	-5	-3	0.0	0.0	15	-15	16
Irlande	246	14	-11	53.7	31	21	0.3	88.8	34	28	-33
Islande	1 367	-9	-31	4 243.4	26	15	1.5	98.9	7	149	95
Israel	3	-68	-50	0.4	73	28	0.0	76.2	22	51	10
Italie	177	-53	-42	2.9	8	7	0.2	64.6	163	9	-24
Japon	3 657	-62	-28	28.7	3	0	3.9	73.1	609	-24	-20
Luxembourg	..	..	..	..	41	23	..	x	..	..	..
Mexique	1 627	20	24	13.7	36	17	1.8	76.5	169	655	213
Norvège	2 074	29	-23	408.3	20	13	2.2	92.7	1 248	729	154
Nouvelle Zélande	443	26	-20	99.0	32	16	0.5	92.0	97	240	13
Pays-Bas	327	-19	-34	19.4	13	6	0.4	92.3	60	-40	-20
Pologne	214	-52	-2	5.6	0	-1	0.2	89.7	35	33	-2
Portugal	195	-40	2	18.2	7	4	0.2	89.7	8	59	5
République slovaque	2	70	45	0.4	2	1	0.0	x	1	..	22
République tchèque	4	20	-19	0.4	2	2	0.0	x	19	..	-1
Royaume-Uni	632	-17	-16	10.1	9	6	0.7	75.0	195	289	28
Slovénie	0	..	-78	0.2	4	5	0.0	53.0	1	..	4
Suède	178	-29	-47	18.5	12	8	0.2	96.5	13	46	176
Suisse	2	-40	14	0.2	19	12	0.0	x	1	30	27
Turquie	374	-1	-26	4.9	36	13	0.4	80.1	234	3 945	196
OCDE	**23 892**	**-35**	**-22**	**19.0**	**18**	**9**	**25.8**	**78.4**	**5 701**	**102**	**37**
OCDE Amérique	9 481	-31	-16	19.5	29	14	10.2	71.7	1 815	341	76
OCDE Asie-Océanie	5 857	-54	-23	27.5	11	5	6.3	73.0	1 206	-2	1
OCDE Europe	8 554	-18	-26	15.4	11	6	9.2	89.4	2 680	130	37
Monde	**92 587**	**9**	**-1**	**12.9**	**35**	**17**	**100.0**	**71.5**	**70 224**	**437**	**117**

Source : FAO (2015), *FISHSTAT* (base de données).

StatLink http://dx.doi.org/10.1787/888933365547

Déchets municipaux

Les activités humaines produisent des déchets à tous les stades. La composition de ces déchets et leur quantité dépendent dans une large mesure des modes de consommation et de production.

Les déchets municipaux ne représentent qu'une fraction du total des déchets (10 % environ), mais leur gestion et leur traitement absorbent souvent plus d'un tiers des dépenses publiques de lutte contre la pollution. Les préoccupations qu'ils suscitent concernent principalement leurs effets sur la santé humaine et sur l'environnement en cas de mauvaise gestion (contamination des sols et de l'eau, qualité de l'air, climat, utilisation des sols et paysages).

Définitions

Les indicateurs présentés ici portent sur le volume total de déchets municipaux produits ainsi que sur l'intensité de cette production, c'est-à-dire le volume par habitant. À titre de complément d'information, les parts des déchets municipaux traités et mis en décharge sont indiquées, de même que les dépenses de consommation finale privée.

Les déchets municipaux sont les déchets collectés par les communes ou pour leur compte. Ils comprennent les déchets produits par les ménages (c'est-à-dire par l'activité domestique des particuliers), ainsi que les déchets assimilés provenant des petits commerces, des bureaux, des établissements tels que les écoles et les administrations et des petites entreprises dont les déchets sont traités ou éliminés dans les mêmes installations.

L'intensité de production de déchets donne seulement une première indication des pressions potentielles sur l'environnement, et des informations complémentaires sont nécessaires pour décrire les pressions effectives. Ces indicateurs doivent être complétés par des données sur les pratiques et les coûts de gestion des déchets, ainsi que sur les niveaux et les modes de consommation.

En bref

Au cours des années 90, la zone OCDE a connu une augmentation de la production de déchets (+19 %), de même que des dépenses de consommation privée (+33 %) et du PIB (+31 %). À partir du début des années 2000, cette progression a ralenti (+2 %). Aujourd'hui, la production de déchets municipaux est estimée à plus de 650 millions de tonnes. Chaque habitant de la zone OCDE produit en moyenne 520 kg de déchets par an, soit 20 kg de plus qu'en 1990 mais 30 kg de moins qu'en 2000.

La quantité et la composition des déchets municipaux varient grandement d'un pays de l'OCDE à l'autre, et elles sont liées aux niveaux et aux modes de consommation, au taux d'urbanisation, aux modes de vie et aux pratiques nationales de gestion des déchets. En moyenne, un Européen produit chaque année environ 130 kg de déchets de moins qu'un habitant de l'OCDE Amérique, mais 80 kg de plus qu'un habitant de la région OCDE Asie-Océanie.

Depuis vingt ans, les pays de l'OCDE ont beaucoup œuvré pour faire baisser la production de déchets municipaux solides. De plus en plus de déchets échappent à l'enfouissement et à l'incinération pour être réinjectés dans l'économie grâce au recyclage. Le recours au prétraitement mécanique et biologique progresse : il améliore les taux de valorisation et le rendement de l'incinération et réduit la quantité de déchets mis en décharge. Quant aux producteurs, on les encourage ou oblige de plus en plus souvent à assumer la responsabilité de leurs produits après les avoir vendus. L'Union européenne a défini des objectifs chiffrés de recyclage qui s'appliquent à tous ses États membres. Quelques pays ont interdit la mise en décharge de déchets municipaux. Celle-ci n'en reste pas moins le mode d'élimination dominant dans beaucoup de pays de l'OCDE.

Comparabilité

La définition des déchets municipaux, les types de déchets pris en compte et les méthodes d'enquête utilisées pour recueillir les informations varient d'un pays à l'autre et dans le temps.

Les principaux problèmes de comparabilité des données sont liés à la prise en compte des déchets des activités commerciales de même nature que les déchets ménagers, de ceux provenant des collectes sélectives – qui peuvent comprendre des déchets ménagers dangereux tels que piles et accumulateurs usagés et déchets d'équipements électriques et électroniques (DEEE) – et des déchets collectés par le secteur privé dans le cadre de programmes de responsabilité élargie des producteurs.

Dans certains cas, l'année de référence renvoie à l'année la plus proche pour laquelle des données sont disponibles.

Voir les notes complémentaires à l'annexe.

Source

OCDE (2015), « Déchets municipaux », *Statistiques de l'OCDE sur l'environnement* (base de données), *http://dx.doi.org/10.1787/data-00601-fr*.

Pour en savoir plus

OCDE (2015), *Material Resources, Productivity and the Environment*, OECD Green Growth Studies, OECD Publishing, Paris, *http://dx.doi.org/10.1787/9789264190504-en*.

Informations sur les données concernant Israël : *http://dx.doi.org/10.1787/888932315602*.

Graphique 1.30. **Intensités de production de déchets municipaux, par habitant, 2013**

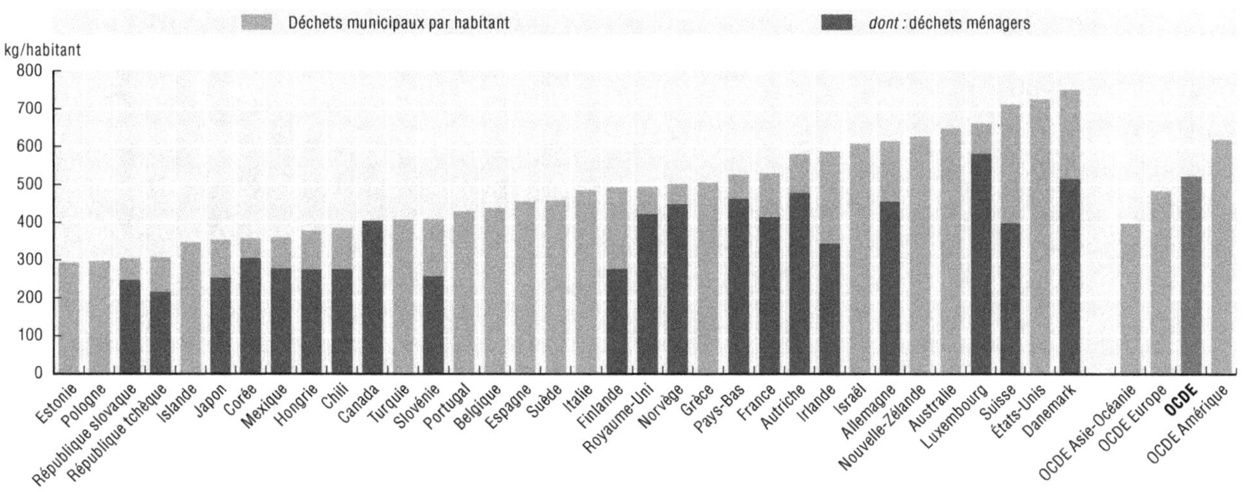

Source : OCDE (2015), « Déchets municipaux », *Statistiques de l'OCDE sur l'environnement* (base de données).

StatLink http://dx.doi.org/10.1787/888933365173

Tableau 1.11. **Production de déchets municipaux et consommation privée**

	Production de déchets municipaux par habitant			*Dont :* déchets des ménages	Private final consumption expenditure, per capita	
	Kg/hab	Variation en %	Variation en %	Kg/hab	Milliers USD/hab	Variation en %
	2013 ou dernière année disponible	1990-2013	2000-13	2013 ou dernière année disponible	2013	2000-13
Allemagne	614	-2	-4	454	22	12
Australie	647	-6	-7	..	26	27
Autriche	580	39	8	477	21	10
Belgique	438	27	-8	..	20	6
Canada	..	..	10	403	23	27
Chili	385	55	17	275	13	88
Corée	358	-43	-1	304	17	42
Danemark	751	..	10	515	18	11
Espagne	455	..	-26	..	17	1
Estonie	293	..	..	..	13	77
États-Unis	725	-4	-7	..	34	18
Finlande	493	..	-2	276	19	25
France	530	15	3	414	19	10
Grèce	504	56	13	..	16	-3
Hongrie	378	..	-15	275	9	23
Irlande	587	..	-20	344	17	9
Islande	347	..	-25	..	19	6
Israël	607	..	-4	..	19	23
Italie	484	18	-5	..	17	-9
Japon	354	-13	-18	253	19	13
Luxembourg	661	..	1	581	24	4
Mexique	360	17	18	277	11	23
Norvège	501	..	37	448	28	42
Nouvelle Zélande	626	-43	-27	..	15	36
Pays-Bas	525	6	-12	462	18	-4
Pologne	297	..	..	..	13	55
Portugal	429	43	-3	..	15	-2
République slovaque	304	..	13	247	13	54
République tchèque	307	..	-8	215	13	29
Royaume-Uni	494	4	-14	422	27	17
Slovénie	409	..	..	257	10	14
Suède	458	22	7	..	20	22
Suisse	712	17	8	399	25	9
Turquie	407	..	..	..	1	47
OCDE	**522**	**4**	**-6**	**..**	**21**	**17**
OCDE Amérique	619	1	-4	..	27	19
OCDE Asie-Océanie	399	-7	-12	..	19	21
OCDE Europe	483	8	-7	..	17	10

Note : Voir les notes par pays à l'annexe.
Source : OCDE (2015), « Déchets municipaux », *Statistiques de l'OCDE sur l'environnement* (base de données).

StatLink http://dx.doi.org/10.1787/888933365557

Déchets municipaux

Graphique 1.31. **Parts des déchets municipaux éliminés et valorisés, 2013 ou dernière année disponible**

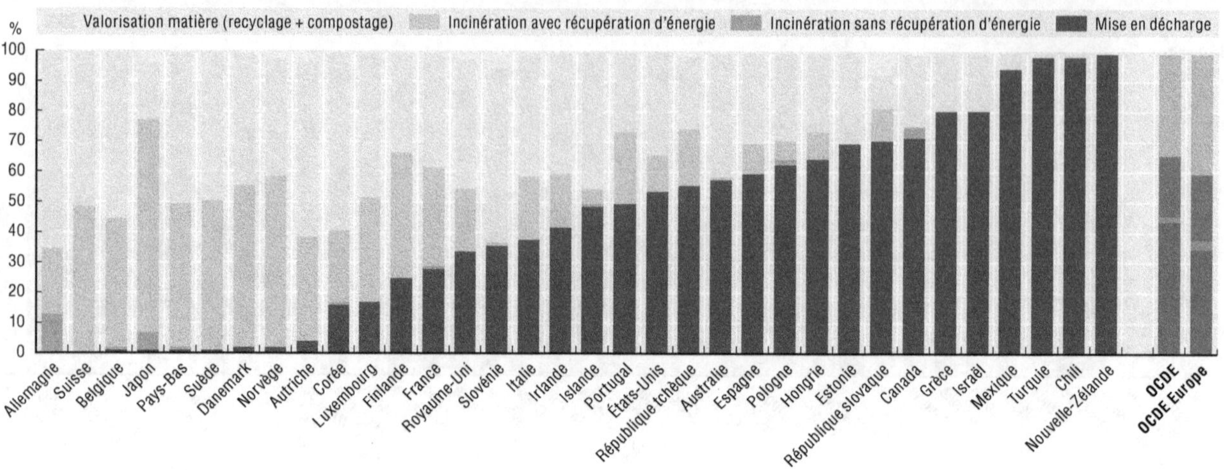

Source : OCDE (2015), « Déchets municipaux », *Statistiques de l'OCDE sur l'environnement* (base de données).

StatLink http://dx.doi.org/10.1787/888933365188

Tableau 1.12. **Parts des déchets municipaux éliminés et valorisés, 2013 ou dernière année disponible**

	% des quantités traitées				Variation en % depuis 2000		Pays	Année/période présentée		
								% des quantités traitées	variation en % depuis 2000	
	Recyclage et compostage	Incinération avec valorisation énergétique	Incinération sans valorisation énergétique	Mise en décharge	Recyclage et compostage	Mise en décharge			Recyclage et compostage	Mise en décharge
Allemagne	65	22	13	0	16	-99	Allemagne	2013	2000-13	2000-13
Australie	41	1	..	58	..	..	Australie	2009	break	2003-09
Autriche	58	35	0	4	5	-87	Autriche	2012	2000-12	2000-12
Belgique	55	43	1	1	16	-95	Belgique	2013	2000-13	2000-13
Canada	24	..	4	72	21	3	Canada	2010	2002-10	2002-10
Chili	1	0	0	99	-78	27	Chili	2009	2000-09	2000-09
Corée	59	24	1	16	51	-64	Corée	2012	2000-12	2000-12
Danemark	44	54	0	2	54	-63	Danemark	2013	2000-10	2000-10
Espagne	30	10	0	60	..	..	Espagne	2013		
Estonie	30	0	0	70	600	-41	Estonie	2011	2000-11	2001-11
États-Unis	35	12	..	54	25	-91	États-Unis	2012	2000-12	2000-12
Finlande	33	42	0	25	0	-57	Finlande	2013	2000-13	2000-13
France	38	33	1	28	71	-26	France	2013	2000-13	2000-13
Grèce	19	..	..	81	176	3	Grèce	2012	2000-12	2000-09
Hongrie	26	9	..	65	..	..	Hongrie	2013		
Irlande	40	18	0	42	263	-51	Irlande	2012	2000-12	2000-12
Islande	45	5	1	49	150	-44	Islande	2013	2000-13	2000-13
Israël	19	..	..	81	95	13	Israël	2013	2004-13	2004-2013
Italie	41	21	0	38	..	..	Italie	2013		
Japon	19	71	6	1	20	-79	Japon	2010	2000-10	2000-10
Luxembourg	48	35	..	17	65	3	Luxembourg	2013	2000-13	2000-13
Mexique	5	..	..	95	190	33	Mexique	2012	2000-12	2000-12
Norvège	39	57	0	2	37	-87	Norvège	2013	2001-13	2001-13
Nouvelle Zélande	..	..	..	100	..	..	Nouvelle Zélande	2013		
Pays-Bas	50	48	1	1	..	..	Pays-Bas	2013		
Pologne	29	6	2	63	886	-50	Pologne	2013	2000-10	2000-13
Portugal	26	24	0	50	162	-26	Portugal	2013	2000-13	2000-13
République slovaque	11	11	0	71	..	..	République Slovaque	2013		
République tchèque	24	19	0	56	..	..	République Tchèque	2013		
Royaume-Uni	43	21	0	34	256	-62	Royaume-Uni	2013	2000-13	2000-13
Slovénie	58	1	0	36	497	-72	Slovénie	2013	2000-13	2000-13
Suède	50	50	0	1	50	-97	Suède	2013	2000-13	2000-13
Suisse	51	49	0	0	36	-100	Suisse	2013	2000-13	2000-13
Turquie	1	..	0	99	-33	6	Turquie	2013	2000-13	2000-13
OCDE	**34**	**20**	**2**	**44**	**42**	**-18**	**OCDE**	**2013**	**2000-13**	2000-13
OCDE Europe	40	22	3	35	56	-49	OCDE Europe	2013	2000-13	2000-13

Note : Voir les notes par pays à l'annexe.

Source : OCDE (2015), « Déchets municipaux », *Statistiques de l'OCDE sur l'environnement* (base de données).

StatLink http://dx.doi.org/10.1787/888933365568

2. SÉLECTION DE TENDANCES SECTORIELLES ET ÉCONOMIQUES

Intensité et mix énergétiques

L'énergie est un secteur d'activité fondamental et un facteur de production pour toutes les autres activités économiques. La production et la consommation d'énergie ont des effets sur l'environnement, très différents selon la source d'énergie. La combustion d'énergie est la principale source de pollution atmosphérique locale et régionale ainsi que d'émissions de GES. Les autres effets liés à l'énergie concernent notamment la qualité de l'eau, l'utilisation des terres, les risques associés au cycle du combustible nucléaire et les risques imputables à l'extraction, au transport et à l'utilisation des énergies fossiles.

La structure des approvisionnements énergétiques diffère beaucoup d'un pays à l'autre. Elle est influencée par la demande de l'industrie, des transports et des ménages, par la politique énergétique nationale et par les prix intérieurs et internationaux de l'énergie.

Définitions

Les indicateurs présentés ici concernent :

- L'intensité énergétique, qui correspond aux approvisionnements totaux en énergie primaire (ATEP) en tonnes d'équivalent pétrole (tep) par unité de PIB et par habitant. Les ATEP sont obtenus par l'opération suivante : production + importations – exportations – soutes maritimes et aériennes internationales ± variations des stocks.

L'intensité énergétique ne correspond pas à l'efficacité énergétique, laquelle est fonction de nombreux autres facteurs (conditions climatiques, composition de la production, délocalisations de la production d'industries à forte intensité énergétique, etc.).

- La composition des approvisionnements énergétiques, c'est-à-dire leur répartition par source d'énergie primaire, représentée en pourcentages des approvisionnements totaux.
- La part des renouvelables dans les approvisionnements énergétiques et dans la production d'électricité. Les principales énergies renouvelables sont l'hydraulique, la géothermie, l'éolien, la biomasse, les déchets et le solaire.

En bref

Dans les années 1990 et 2000, l'intensité énergétique par unité de PIB a généralement diminué dans les pays de l'OCDE, par suite de mutations structurelles et d'économies d'énergie. Le ralentissement de l'activité économique a également joué à partir de 2009, tout comme, dans certains pays, le transfert à l'étranger d'industries énergivores. Ces délocalisations peuvent accroître les pressions sur l'environnement mondial si des techniques moins économes en énergie sont mises en œuvre.

Exprimés par habitant, les progrès ont été plus lents, en raison de l'évolution générale des approvisionnements énergétiques (+16 % depuis 1990, -1 % depuis 2000) et de la demande d'énergie pour les transports (+27 % depuis 1990, +4 % depuis 2000).

- L'intensité énergétique varie beaucoup d'un pays de l'OCDE à l'autre (de 0.07 à 0.46 tep par unité de PIB, et de 1.6 à 18 tep par habitant), en fonction de la structure économique, du revenu et de la géographie de chaque pays, des politiques énergétiques nationales et des prix intérieurs de l'énergie, ainsi que des ressources.
- Un certain découplage entre effets environnementaux et augmentation de la consommation d'énergie a été obtenu, mais les résultats sont à ce jour insuffisants pour entraîner une réduction des émissions de polluants atmosphériques et de GES.

Les pays de l'OCDE sont moins dépendants des combustibles fossiles, même si ceux-ci représentent toujours près de 80 % des approvisionnements. La part des combustibles solides et celle du gaz ont légèrement reculé. À l'échelle de l'OCDE, les renouvelables entrent pour 9 % dans les ATEP (contre 6 % en 2000) et pour 22 % dans la production d'électricité (contre 15.6 % en 2000). Ils sont dominés par les biocombustibles et les déchets, et dans une mesure moindre par l'hydroélectricité (60 % et 25 % respectivement). Les renouvelables au poids plus faible (solaire, éolien, biocombustibles liquides et biogaz) ont le plus progressé depuis dix ans.

La croissance des renouvelables n'a pas pâti de la crise économique et a été tirée par l'OCDE Europe, notamment grâce à des politiques incitatives (AIE, 2014a).

Comparabilité

La qualité des données n'est pas homogène. Dans certains pays, les données sont calculées à partir de sources secondaires et, si des données sont incomplètes, l'AIE établit des estimations. En général, les données sur la production et les échanges sont plus exactes que celles sur les soutes internationales ou les variations des stocks. Les statistiques sur les biocarburants et les déchets sont moins fiables que sur l'énergie commerciale classique.

Les valeurs élevées enregistrées par l'Islande s'expliquent par la forte hausse de la production d'électricité d'origine hydraulique et géothermique destinée avant tout à alimenter les fonderies d'aluminium (+113 % entre 2000 et 2014).

Voir les notes complémentaires à l'annexe.

Source

AIE (2015), « World energy balances », *IEA World Energy Statistics and Balances* (base de données), *http://dx.doi.org/10.1787/data-00512-en.*

Pour en savoir plus

AIE (2015), *World Energy Outlook Special Report 2015: Energy and Climate Change*, AIE, Paris.

AIE (2014a), *Renewables Information 2014*, AIE, Paris, *http://dx.doi.org/10.1787/renew-2014-en.*

AIE (2014b), *World Energy Outlook 2014*, AIE, Paris, *http://dx.doi.org/10.1787/weo-2014-en.*

Informations sur les données concernant Israël : *http://dx.doi.org/10.1787/888932315602.*

Graphique 2.1. **Intensités énergétiques, 2014**

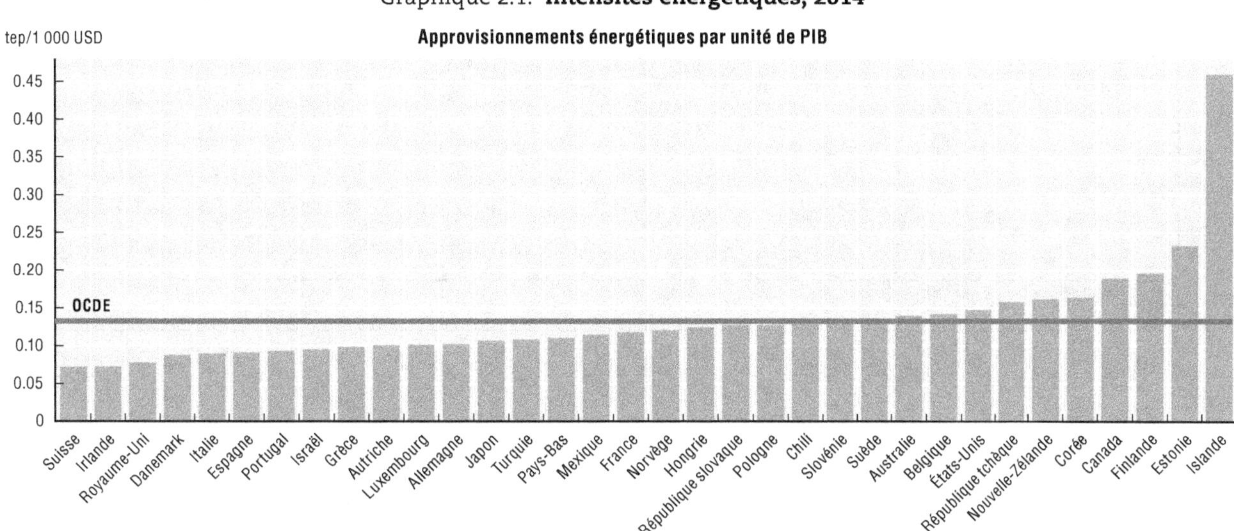

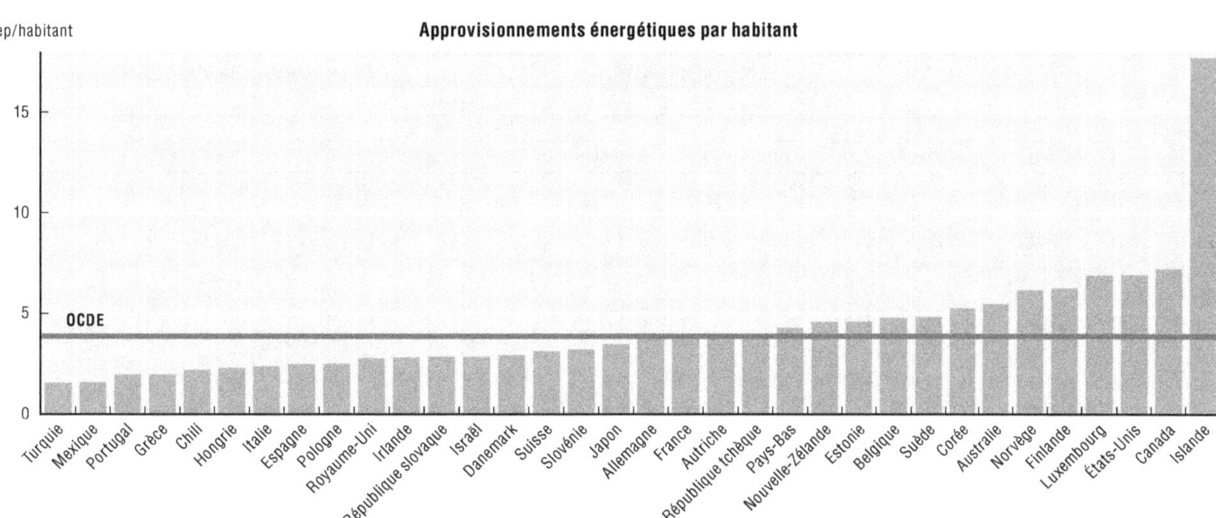

Source : AIE (2015), « World Energy Balances », *IEA World Energy Statistics and Balances* (base de données).

StatLink http://dx.doi.org/10.1787/888933365225

Graphique 2.2. **Variation des intensités énergétiques depuis 2000**

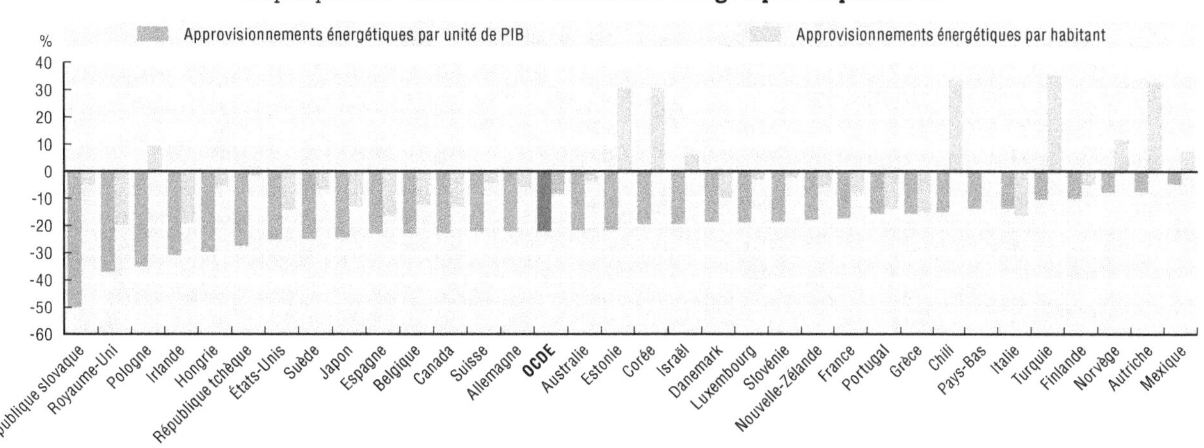

Source : AIE (2015), « World Energy Balances », *IEA World Energy Statistics and Balances* (base de données).

StatLink http://dx.doi.org/10.1787/888933365237

Graphique 2.3. **Variation des approvisionnements totaux en énergie primaire depuis 2000**

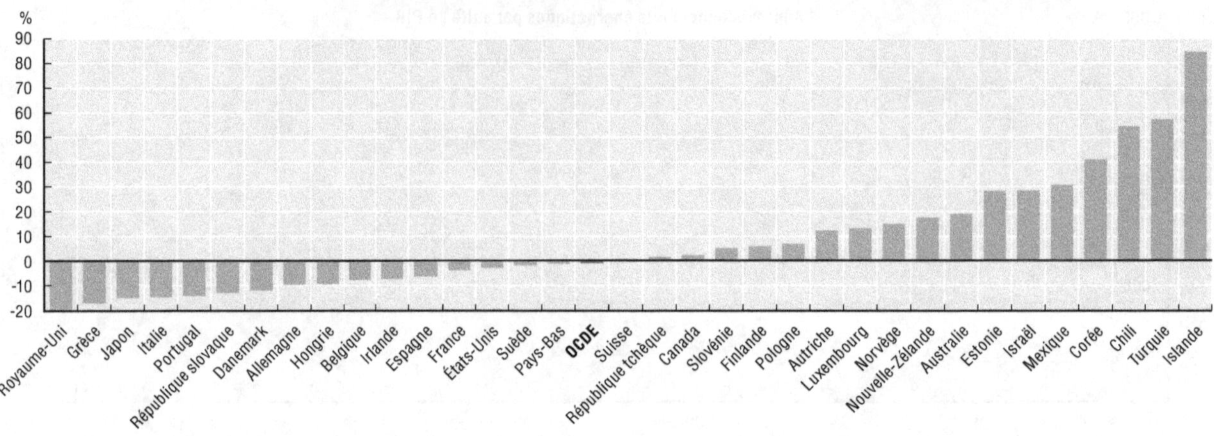

Source : AIE (2015), « World Energy Balances », *IEA World Energy Statistics and Balances* (base de données).

StatLink http://dx.doi.org/10.1787/888933365246

Tableau 2.1. **Approvisionnements en énergie primaire et intensité d'utilisation**

	Approvisionnements totaux		Intensité par unité de PIB		Structure par source, part du total (%), 2014				
	Mtep	Variation en %	Tep/1 000 USD	Variation en %	Carburants fossiles solides	Pétrole	Gaz	Nucléaire	Renouvelables et déchets
	2014	2000-14	2014	2000-14	2014				
Allemagne	304	-9.8	0.10	-22.0	25	33	21	8	12
Australie	129	19.1	0.14	-21.6	34	35	25	0	7
Autriche	32	12.4	0.10	-7.4	10	36	20	0	34
Belgique	54	-7.8	0.14	-22.9	6	45	24	17	8
Canada	258	2.4	0.19	-22.7	7	30	33	11	18
Chili	39	54.3	0.13	-15.0	18	40	10	0	32
Corée	265	41.0	0.16	-19.5	31	36	16	15	2
Danemark	16	-12.1	0.09	-18.7	16	36	17	0	31
Espagne	114	-6.6	0.09	-23.0	10	41	21	13	15
Estonie	6	28.3	0.23	-21.5	71	7	7	0	16
États-Unis	2 206	-3.0	0.15	-25.0	20	36	28	10	7
Finlande	34	6.0	0.20	-10.1	15	27	8	19	32
France	242	-3.9	0.12	-17.4	4	28	13	46	9
Grèce	22	-17.1	0.10	-15.6	28	50	11	0	11
Hongrie	23	-9.5	0.12	-29.7	11	28	33	19	9
Irlande	13	-7.4	0.07	-30.8	16	47	30	0	8
Islande	6	84.6	0.46	28.0	2	9	0	0	89
Israël	23	28.4	0.10	-19.4	28	41	26	0	5
Italie	146	-14.7	0.09	-13.7	9	36	36	0	19
Japon	441	-15.0	0.11	-24.4	27	44	24	0	5
Luxembourg	4	13.2	0.10	-18.7	2	68	25	0	6
Mexique	189	30.8	0.11	-4.6	6	51	33	1	9
Norvège	30	14.9	0.12	-7.9	3	39	16	0	43
Nouvelle-Zélande	20	17.6	0.16	-17.8	7	32	22	0	39
Pays-Bas	72	-1.2	0.11	-13.8	13	40	40	1	6
Pologne	95	6.9	0.13	-34.9	53	23	14	0	10
Portugal	21	-14.2	0.09	-15.7	13	45	16	0	25
Rép. slovaque	15	-13.1	0.13	-50.0	21	20	22	27	10
Rép. tchèque	42	1.5	0.16	-27.5	38	20	14	18	9
Royaume-Uni	178	-20.3	0.08	-37.0	17	33	34	9	7
Slovénie	7	5.2	0.13	-18.7	16	33	9	24	19
Suède	47	-1.9	0.13	-24.8	4	24	2	35	35
Suisse	25	0.7	0.07	-22.1	1	37	10	28	24
Turquie	119	57.2	0.11	-10.5	30	27	34	0	10
OCDE	**5 238**	**-1.0**	**0.13**	**-22.0**	**19**	**36**	**26**	**10**	**10**
OCDE Amériques	2 692	-0.1	0.15	-23.7	17	36	29	9	8
OCDE Asie-Océanie	879	3.3	0.12	-20.1	28	40	22	5	5
OCDE Europe	1 667	-4.5	0.10	-21.4	18	32	22	14	14
Monde	13 555	34.8	0.16	-16.5	29	31	21	5	13

Note : Voir les notes par pays à l'annexe.

Source : AIE (2015), « World Energy Balances », *IEA World Energy Statistics and Balances* (base de données).

StatLink http://dx.doi.org/10.1787/888933365578

Graphique 2.4. **Approvisionnements en énergie primaire par source, 2014**

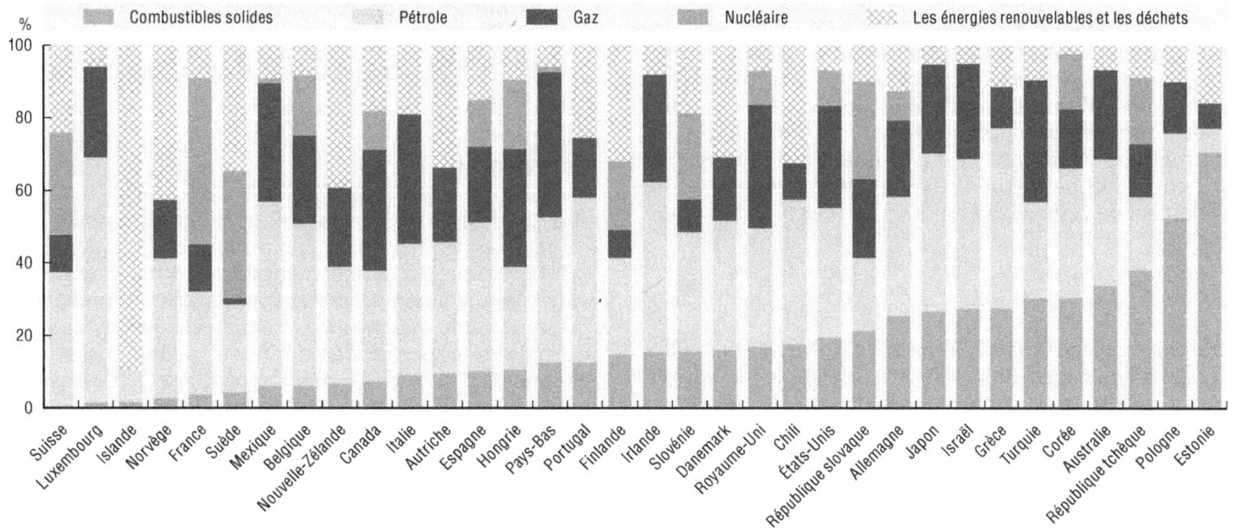

Source : AIE (2015), « World Energy Balances », *IEA World Energy Statistics and Balances* (base de données).

StatLink http://dx.doi.org/10.1787/888933365254

Graphique 2.5. **Part des énergies renouvelables dans les ATEP et dans la production d'électricité, 2000 et 2014**

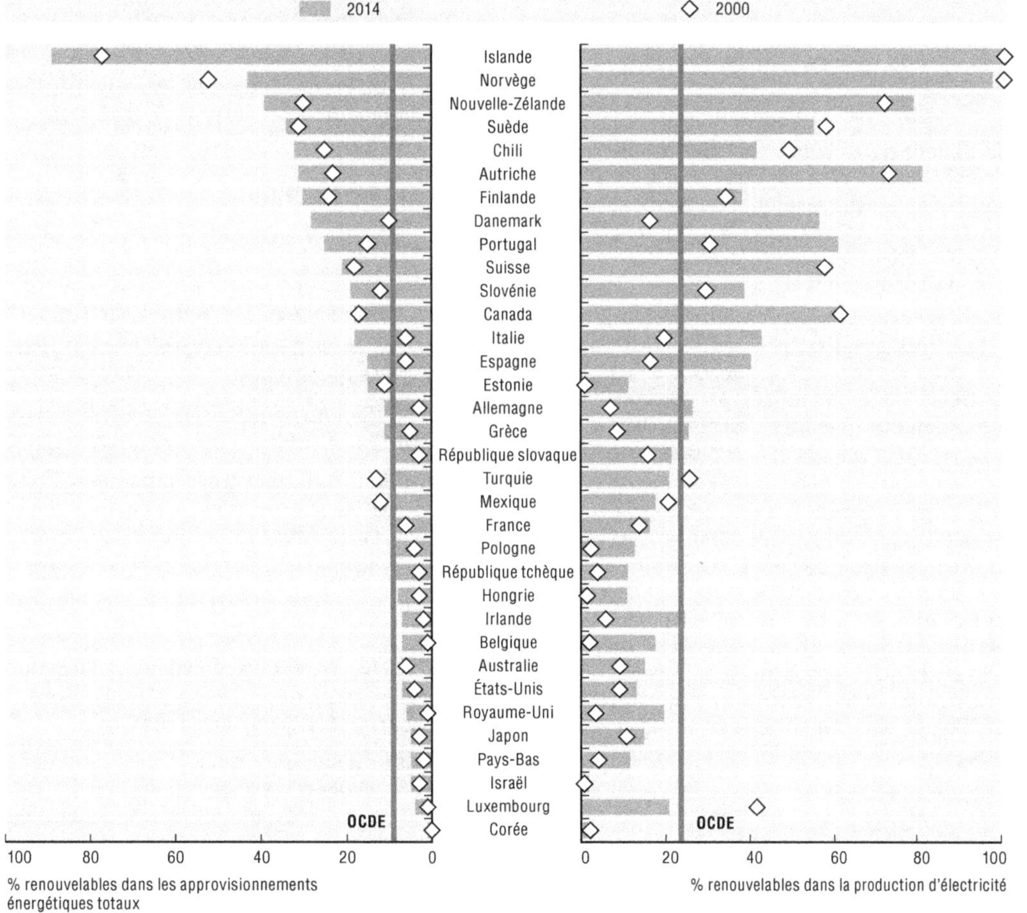

Source : AIE (2015), « World Energy Balances », *IEA World Energy Statistics and Balances* (base de données).

StatLink http://dx.doi.org/10.1787/888933365264

Prix et fiscalité de l'énergie

Les prix de l'énergie à la consommation finale influent sur la demande globale d'énergie et sur le mix énergétique, lesquels déterminent les pressions exercées sur l'environnement par les activités énergétiques. Ces prix aident aussi à internaliser les coûts environnementaux. Bien que l'élasticité-prix varie considérablement d'un secteur d'utilisation finale à l'autre, il ressort des données rétrospectives et internationales que les prix ont un effet global puissant sur la demande d'énergie, et que leur hausse fait baisser la consommation énergétique et, partant, l'impact de cette consommation sur l'environnement.

Définitions

Les indicateurs présentés ici concernent les prix et les taxes à la consommation finale de certaines sources d'énergie (fioul léger, gaz naturel et électricité) dans les secteurs industriel et résidentiel.

Dans l'analyse des prix de l'énergie à la consommation finale, il importe de prendre en considération les diverses mesures de soutien susceptibles de faire bénéficier une activité ou un produit particulier d'un avantage ou d'un traitement préférentiel, en termes absolus ou relatifs. De même, l'examen de la fiscalité de l'énergie doit tenir compte de l'éventail des produits taxés, des définitions de la base d'imposition, ainsi que des taux d'imposition et des dégrèvements.

En bref

Les prix réels de l'énergie à la consommation finale ont augmenté dans la plupart des pays de l'OCDE, principalement du fait du renchérissement du pétrole brut ; après la baisse temporaire provoquée par la crise économique en 2008 et 2009, ils ont rebondi en 2010 et 2011 avant d'amorcer un ralentissement en 2013-14.

Les prix de l'énergie et les taxes qui s'y rattachent, que ce soit dans le secteur industriel ou résidentiel, diffèrent largement dans et entre les pays et selon le type d'énergie, sans toujours refléter les externalités provoquées. La fiscalité pèse généralement plus lourd dans les prix à la consommation finale pour les particuliers que pour les entreprises.

Les signaux-prix sont inégaux et certaines énergies particulièrement néfastes pour l'environnement sont peu taxées voire exonérées, si bien que l'effet désincitatif de la fiscalité sur les émissions de dioxyde de carbone (CO_2) est très inégal. Cette situation souligne le caractère parcellaire des efforts actuels de lutte contre le changement climatique. Elle donne aussi à penser que les pays auraient largement la possibilité de réformer leur fiscalité énergétique et d'atteindre leurs objectifs environnementaux de façon plus efficace et économe.

On trouvera d'autres informations sur la fiscalité en rapport avec l'environnement dans les sections sur les *prix des carburants routiers* et la *fiscalité liée à l'environnement.*

Comparabilité

Des informations sur les prix et la fiscalité de l'énergie sont disponibles auprès de l'AIE, mais leur compilation est devenue problématique. La déréglementation des marchés de l'énergie a entraîné une augmentation exponentielle du nombre d'acteurs présents sur le marché, de sorte qu'il est devenu de plus en plus difficile de collecter des données sur les prix sur une base équivalente. Lors de la comparaison des prix de l'énergie à la consommation finale et des modalités de taxation de la consommation d'énergie, la prudence s'impose. Vu les multiples facteurs en jeu, les comparaisons directes peuvent induire en erreur. Elles peuvent toutefois servir de point de départ pour analyser les différences observées.

Voir les notes complémentaires à l'annexe.

Sources

AIE (2015a), « End-use prices: Energy prices in US dollars », *IEA Energy Prices and Taxes Statistics* (base de données), *http://dx.doi.org/10.1787/data-00442-en.*

AIE (2015b), *Energy Prices and Taxes*, vol. 2015/1, AIE, Paris, *http://dx.doi.org/10.1787/energy_tax-v2015-1-en.*

Pour en savoir plus

AIE, Service de données en ligne, *http://data.iea.org.*

AIE (2015), *Energy Statistics of OECD Countries 2014*, AIE, Paris, *http://dx.doi.org/10.1787/energy_stats_oecd-2014-en.*

AIE (2014), *World Energy Outlook 2014*, AIE, Paris, *http://dx.doi.org/10.1787/weo-2014-en.*

OCDE (2015a), *Aligning Policies for a Low-carbon Economy*, Éditions OCDE, Paris, *http://dx.doi.org/10.1787/9789264233294-en.*

OCDE (2015b), *Rapport accompagnant l'inventaire OCDE des mesures de soutien pour les combustibles fossiles*, Éditions OCDE, Paris, *http://dx.doi.org/10.1787/9789264243583-fr.*

OCDE (2015c), *Taxing Energy Use 2015: OECD and Selected Partner Economies*, Éditions OCDE, Paris, *http://dx.doi.org/10.1787/9789264232334-en.*

OCDE (2013), *Inventory of Estimated Budgetary Support and Tax Expenditures for Fossil Fuels 2013*, Éditions OCDE, Paris, *http://dx.doi.org/10.1787/9789264187610-en.*

Informations sur les données concernant Israël : *http://dx.doi.org/10.1787/888932315602.*

Graphique 2.6. **Part des taxes dans les prix du fioul léger pour l'industrie et les ménages, 2014 ou dernière année disponible**

Pourcentage du prix total

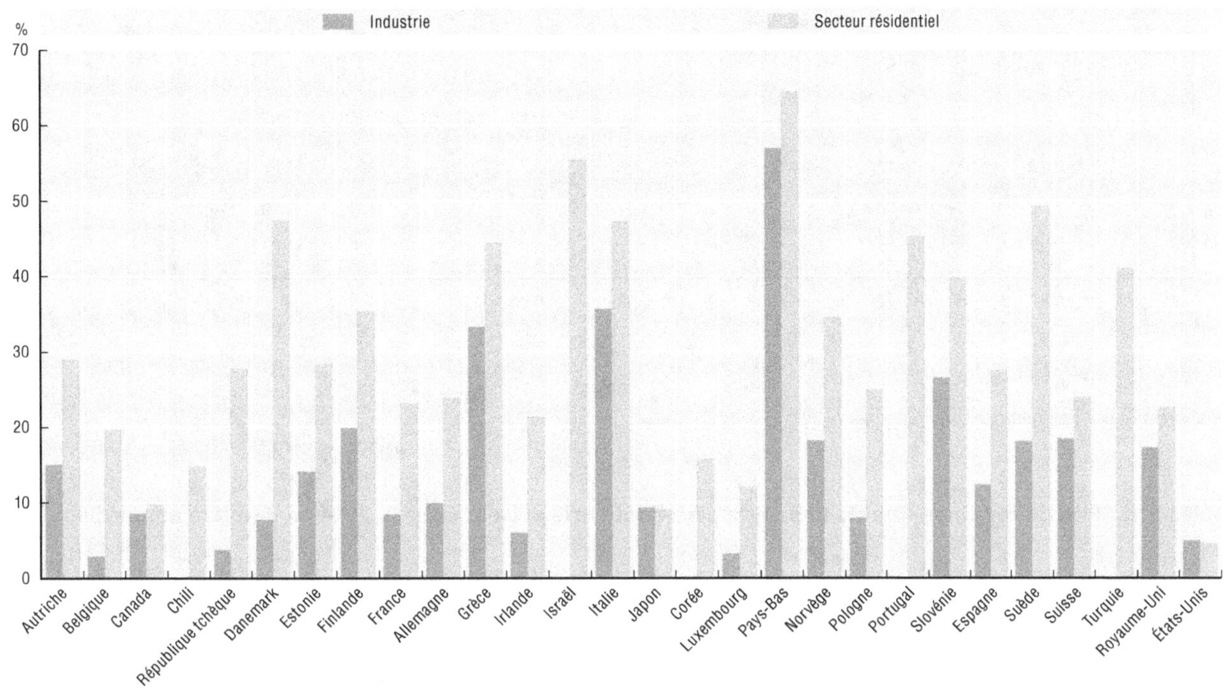

Source : AIE (2015a), *IEA Energy Prices and Taxes Statistics* (base de données).

StatLink http://dx.doi.org/10.1787/888933365276

Graphique 2.7. **Part des taxes dans les prix de l'électricité pour l'industrie et les ménages, 2014 ou dernière année disponible**

Pourcentage du prix total

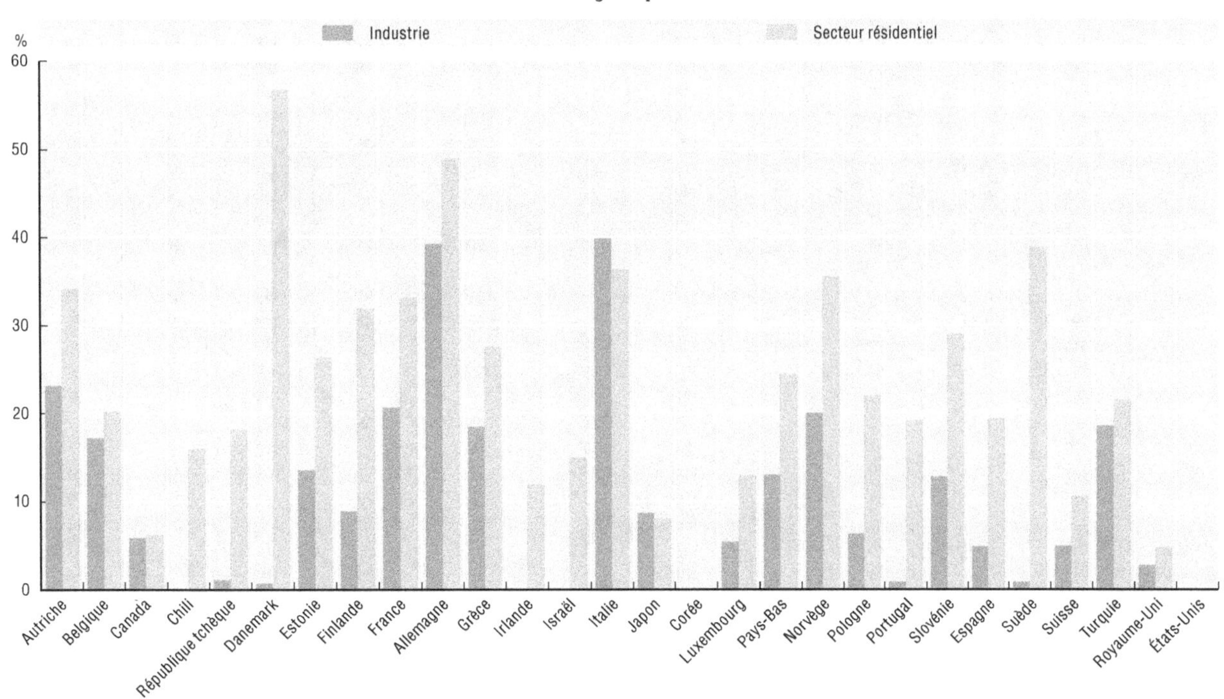

Source : AIE (2015a), *IEA Energy Prices and Taxes Statistics* (base de données).

StatLink http://dx.doi.org/10.1787/888933365287

Graphique 2.8. **Part des taxes dans les prix du gaz naturel pour l'industrie et les ménages, 2014 ou dernière année disponible**

Pourcentage du prix total

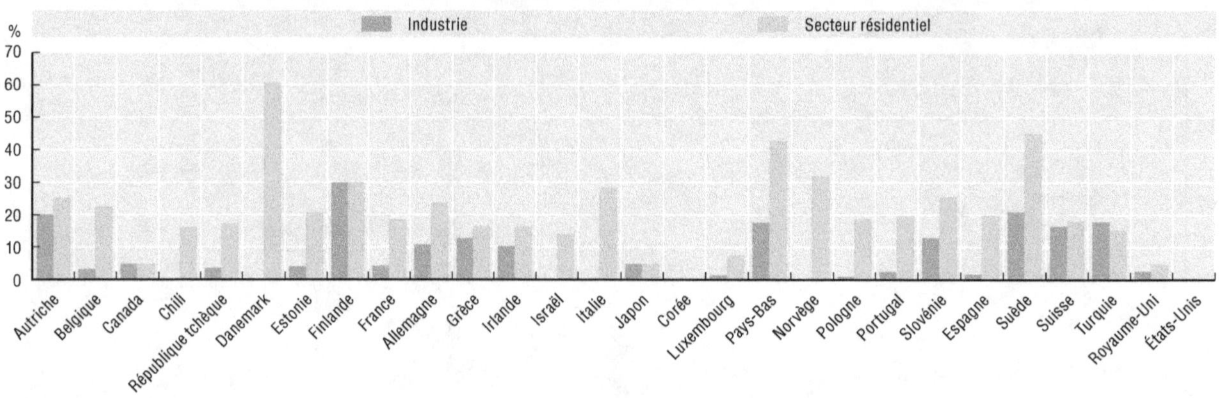

Source : AIE (2015a), *IEA Energy Prices and Taxes Statistics* (base de données).

StatLink http://dx.doi.org/10.1787/888933365295

Tableau 2.2. **Prix de certaines sources d'énergie pour l'industrie et les ménages, 2014 ou dernière année disponible**

	Industrie						Secteur résidentiel					
	Fioul léger		Gaz naturel		Électricité		Fioul léger		Gaz naturel		Électricité	
	Prix	Taxes	Prix	Taxes	Prix	Taxes	Prix	Taxes	Prix	Taxes	Prix	Taxes
	USD/1 000 litres	En % du prix	USD/MWh	En % du prix	USD/MWh	En % du prix	USD/1 000 litres	En % du prix	USD/MWh	En % du prix	USD/MWh	En % du prix
Allemagne	821	10	50	11	169	39	1 021	24	95	24	388	49
Australie	..	..	..	..	..	..	..	..	..	..	..	..
Autriche	961	15	47	20	137	23	1 183	29	93	25	267	34
Belgique	856	3	36	3	128	17	1 036	20	87	22	247	20
Canada	862	9	14	5	96	6	1 135	10	34	5	104	6
Chili	..	..	..	..	118	0	1 273	15	112	16	172	16
Corée	..	..	79	..	..	..	1 234	16	76	..	110	..
Danemark	1 131	8	..	..	102	1	1 987	47	118	61	403	57
Espagne	940	12	44	2	149	5	1 137	28	122	20	295	19
Estonie	1 044	14	47	4	118	14	1 252	28	64	21	169	26
États-Unis	718	5	18	..	70	..	1 025	5	41	..	125	..
Finlande	1 091	20	46	30	105	9	1 352	35	213	30	201	32
France	890	8	49	4	126	21	1 143	23	89	18	207	33
Grèce	1 315	33	57	13	142	18	1 577	44	140	17	216	28
Hongrie	..	..	51	2	123	8	..	..	49	21	158	21
Irlande	1 040	6	48	10	165	0	1 290	21	101	16	307	12
Islande	..	..	..	..	..	..	..	..	..	..	..	..
Israël	..	..	..	..	121	0	2 039	55	149	14	171	15
Italie	1 500	36	..	..	328	40	1 830	47	279	28	307	36
Japon	915	9	72	5	188	9	994	9	146	5	253	8
Luxembourg	865	3	54	1	107	5	952	12	79	7	207	13
Mexique	668	0	..	..	121	0	..	..	35	14	90	14
Norvège	1 396	18	..	..	55	20	1 745	35	171	32	127	35
Nouvelle-Zélande	710	0	24	6	84	0	..	..	117	14	225	13
Pays-Bas	1 133	57	43	18	113	13	1 371	64	103	43	252	24
Pologne	930	8	44	1	100	6	1 185	25	73	19	192	22
Portugal	..	..	60	2	156	1	1 654	45	131	20	292	19
République slovaque	1 049	0	44	4	157	0	..	..	71	17	214	17
République tchèque	845	4	43	3	123	1	1 126	28	77	17	174	18
Royaume-Uni	1 006	17	40	3	139	3	1 025	23	83	5	256	5
Slovénie	1 099	26	52	13	115	13	1 341	40	89	26	213	29
Suède	943	18	55	21	82	1	2 047	49	154	45	214	39
Suisse	965	18	74	16	134	5	1 082	24	113	18	209	11
Turquie	..	..	39	18	131	19	1 661	41	47	15	170	22
OCDE	**859**	**..**	**30**	**..**	**123**	**..**	**1 116**	**..**	**64**	**..**	**167**	..

Note : Voir les notes par pays à l'annexe.
Source : AIE (2015a), *IEA Energy Prices and Taxes Statistics* (base de données).

StatLink http://dx.doi.org/10.1787/888933365580

Graphique 2.9. **Prix de l'énergie pour l'industrie et les ménages, 2014 ou dernière année disponible**

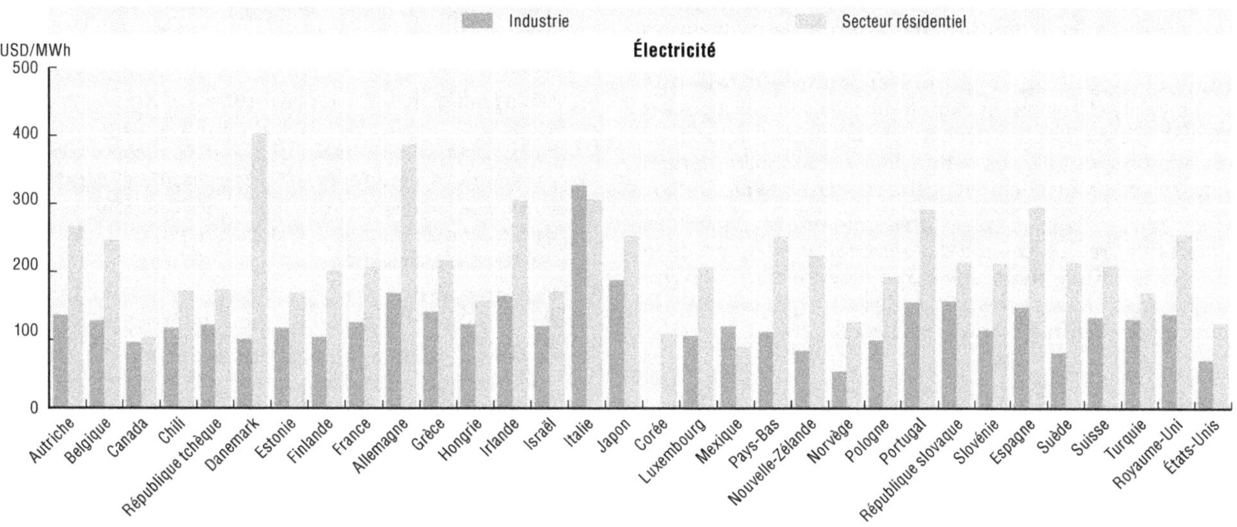

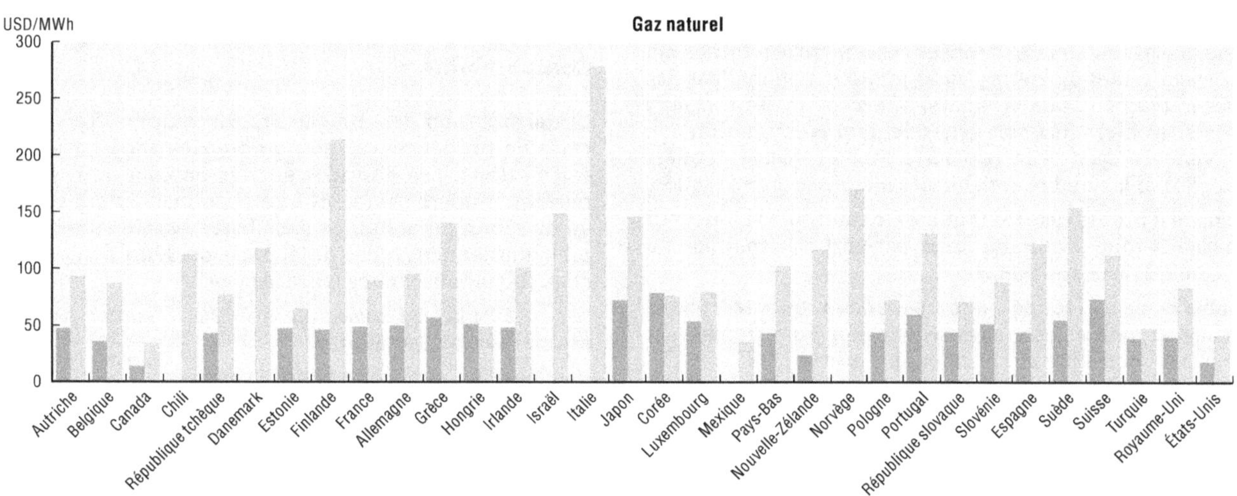

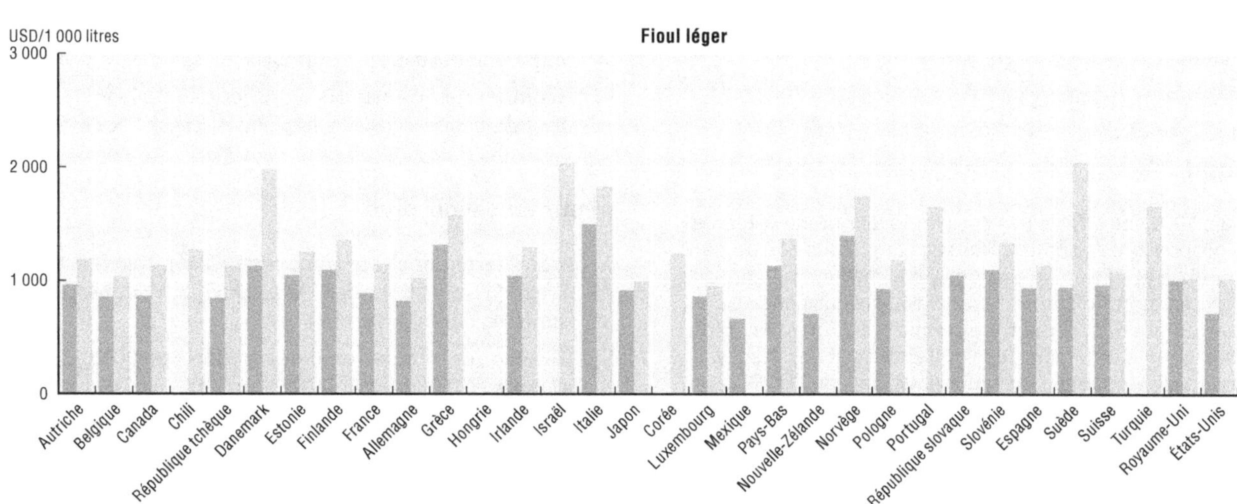

Source : AIE (2015a), *IEA Energy Prices and Taxes Statistics* (base de données).

StatLink http://dx.doi.org/10.1787/888933365307

Trafic, véhicules et réseaux routiers

Les transports ont de nombreux effets sur l'environnement : la pollution atmosphérique est préoccupante surtout dans les zones urbaines, où se concentrent la circulation et la congestion routières, mais le transport routier a aussi sa part dans des problèmes de pollution régionale et mondiale tels que l'acidification et le changement climatique ; les véhicules posent des difficultés de gestion des déchets ; et les infrastructures de transport occupent de l'espace et transforment le milieu naturel (par exemple par le morcellement des habitats naturels).

Le transport routier tient une place prédominante en regard des autres modes de fret. Le volume du trafic routier dépend de la demande (déterminée dans une large mesure par l'activité économique et les prix du transport) et de l'offre (par exemple, le développement des infrastructures routières).

Définitions

Les indicateurs présentés ici concernent :

- L'intensité du trafic routier et l'intensité de véhicules routiers, c'est-à-dire le volume du trafic par unité de PIB et par kilomètre (km) de route, ainsi que le nombre de véhicules par habitant et par kilomètre de route.

Les volumes du trafic sont exprimés en milliards de km parcourus par les véhicules routiers. Les données concernent le total des km parcourus sur toutes les routes sur le territoire national par des véhicules immatriculés dans le pays, à l'exception des tracteurs agricoles et routiers. Il s'agit généralement d'estimations: le nombre annuel moyen de km parcourus par les véhicules routiers est multiplié par le nombre de véhicules motorisés en circulation.

- La densité d'infrastructures routières, c'est-à-dire la longueur des réseaux routier et autoroutier par km^2 de superficie au 31 décembre de chaque année.

L'ensemble du réseau routier se compose des autoroutes, routes principales ou nationales, routes secondaires ou régionales, et les autres. Les routes privées n'en font pas partie.

Les autoroutes constituent une catégorie de routes distincte; elles présentent comme particularité de ne pas desservir les propriétés qui les bordent.

Les indicateurs doivent être mis en relation avec les données sur la répartition modale des transports et la structure du parc de véhicules. Ils doivent en outre être complétés par des informations sur les taux de congestion et la pollution atmosphérique due à la circulation routière.

En bref

Depuis 2000, les efforts des pays en faveur de de véhicules plus propres ont été neutralisés par l'augmentation du parc automobile et de son utilisation, qui a entraîné une hausse de la consommation de carburants et des émissions de CO_2, ainsi que la construction de nouvelles routes. Le trafic routier, pour le transport de marchandises et de personnes, devrait croître encore dans nombre de pays de l'OCDE.

Les émissions de GES du secteur des transports se sont accrues jusqu'à la dernière récession. Après la baisse observée à partir de 2007, elles s'établissaient en 2012 à peu près au même niveau qu'en 2000 dans la plupart des pays de l'OCDE.

Dans l'ensemble, le couplage entre activités de transport et croissance du PIB a persisté. Dans plusieurs pays de l'OCDE, l'accroissement du trafic routier et du recours aux voitures particulières a été supérieur à la croissance économique. La voiture particulière est le mode prédominant de transport de personnes, mais son importance par rapport aux autres modes varie beaucoup.

L'intensité du trafic par unité de PIB et le taux de motorisation diffèrent largement selon les pays de l'OCDE.

La densité routière a augmenté beaucoup plus lentement que l'activité économique dans la plupart des pays de l'OCDE, mais la densité autoroutière s'est rapidement accrue. Alors que les tendances de la densité routière sont similaires dans les pays américains et européens de l'OCDE, la densité autoroutière a progressé à un rythme plus rapide en Europe, peut-être en raison de l'élargissement de l'Union européenne (+13 % entre 2000 et 2014).

Comparabilité

L'interprétation des indicateurs du trafic routier appelle une certaine prudence, car de nombreuses statistiques sont des estimations. Les données sur les parcs automobiles et les réseaux routiers devraient être raisonnablement comparables au niveau international et dans le temps, à de rares exceptions près qui tiennent à des différences de définition des routes et des véhicules utilitaires entre les pays.

Les totaux pour l'ensemble de l'OCDE sont fondés sur des estimations du Secrétariat.

Voir les notes complémentaires à l'annexe.

Sources

CEE-ONU (2015), « Transport », *UNECE Statistical Database, http://w3.unece.org/pxweb*.

Eurostat (2015), *Statistiques des transports* (base de données), *http://ec.europa.eu/eurostat/web/transport/data/database*.

Statistiques des Transports en Amérique du Nord (STAN) (2015), *Base de données en direct, http://nats.sct.gob.mx/aller-vers-tables/*.

Pour en savoir plus

Forum international des transports (2015), *Trends in the Transport Sector* (base de données), *http://internationaltransportforum.org/statistics/trends/index.html*.

OCDE/ Forum international des transports (2015), *ITF Transport Outlook 2015*, Éditions OCDE, Paris/FIT, Paris, *http://dx.doi.org/10.1787/9789282107782-en*.

Informations sur les données concernant Israël : *http://dx.doi.org/10.1787/888932315602*.

Graphique 2.10. **Intensité du trafic routier par unité de PIB, 2014 ou dernière année disponible**

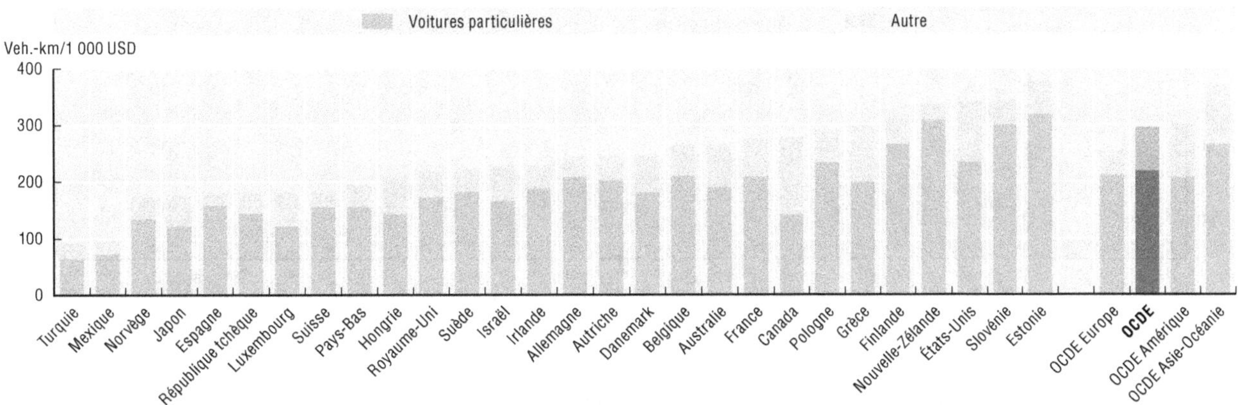

Source : Eurostat (2015), *Statistiques des transports* (base de données) ; Statistiques des Transports en Amérique du Nord (2015), *Base de données en direct* ; CEE-ONU (2015), « Transport », *UNECE Statistical Database* ; et sources nationales.

StatLink http://dx.doi.org/10.1787/888933365319

Graphique 2.11. **Intensité du trafic routier par longueur du réseau, 2014 ou dernière année disponible**

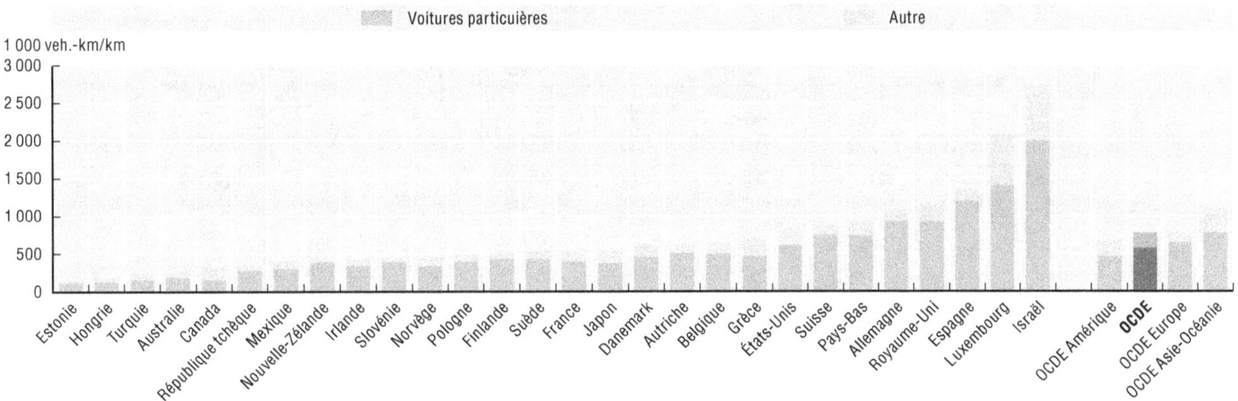

Source : Eurostat (2015), *Statistiques des transports* (base de données) ; Statistiques des Transports en Amérique du Nord (2015), *Base de données en direct* ; CEE-ONU (2015), « Transport », *UNECE Statistical Database* ; et sources nationales.

StatLink http://dx.doi.org/10.1787/888933365329

Graphique 2.12. **Densité de véhicules motorisés par longueur du réseau, 2014 ou dernière année disponible**

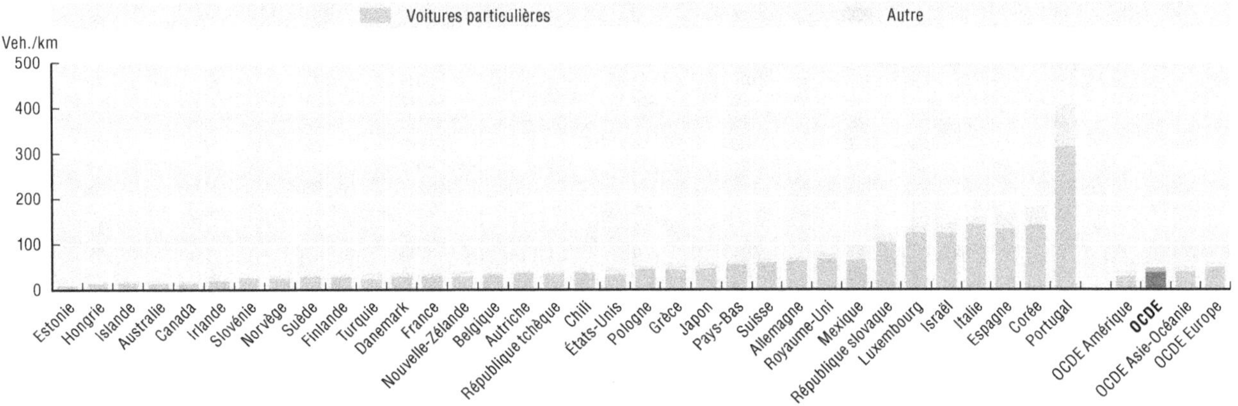

Source : Eurostat (2015), *Statistiques des transports* (base de données) ; Statistiques des Transports en Amérique du Nord (2015), *Base de données en direct* ; CEE-ONU (2015), « Transport », *UNECE Statistical Database* ; et sources nationales.

StatLink http://dx.doi.org/10.1787/888933365339

Graphique 2.13. **Taux de motorisation, 2014 ou dernière année disponible**

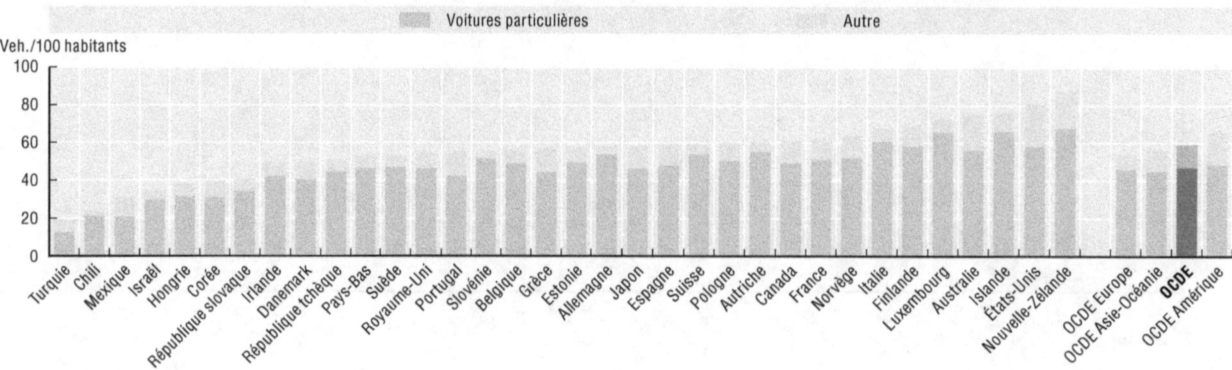

Source : Eurostat (2015), *Statistiques des transports* (base de données) ; Statistiques des Transports en Amérique du Nord (2015), *Base de données en direct* ; CEE-ONU (2015), « Transport », *UNECE Statistical Database* ; et sources nationales.

StatLink http://dx.doi.org/10.1787/888933365343

Tableau 2.3. **Trafic routier et véhicules en circulation**

	Trafic routier						Véhicules motorisés utilisés				PIB
	Volume total		Intensité		Véhicules commerciaux		Stock total		Propriété de voitures particulières		
	Milliard véh.km	% variation	Par unité de PIB Véh.-km/ 1 000 USD	Par longueur du réseau 1 000 véh. -km/km	Volume % variation	Part du trafic total %	1 000 véhicules	% variation	Véh./100 inh.	% variation	% variation
	2014 ou dernier disponible	2000-14 ou dernier disponible	2014 ou dernier disponible	2014 ou dernier disponible	2000-14 ou dernier disponible	2014 ou dernier disponible	2014 ou dernier disponible	2000-14 ou dernier disponible	2014 ou dernier disponible	2000-14 ou dernier disponible	2000-14
Allemagne	709	9	243	1 081	..	2	46 268	-1	54	2	16
Australie	239	30	267	274	57	26	17 633	49	57	11	52
Autriche	77	19	246	621	189	15	5 130	15	55	8	21
Belgique	99	9	264	636	38	18	6 380	22	49	8	20
Canada	333	8	278	320	16	8	22 334	27	50	10	33
Chili	..	..	..	..	..	..	4 169	105	22	86	82
Corée	1 463	27	989	13 809	17	29	20 118	67	31	82	75
Danemark	46	12	247	615	26	23	2 681	19	41	17	8
Espagne	224	8	180	1 354	..	10	27 456	28	48	11	21
Estonie	8	30	378	143	3	14	754	22	50	48	63
États-Unis	4 743	8	343	737	31	9	253 639	12	58	23	29
Finlande	54	16	310	507	12	13	3 766	53	58	42	18
France	560	14	275	532	..	22	38 057	13	51	8	16
Grèce	82	-10	297	698	-47	19	6 456	51	45	53	-2
Hongrie	37	59	208	189	42	28	3 778	38	32	36	29
Irlande	40	38	229	429	40	17	2 271	47	43	22	34
Islande	..	..	..	..	..	..	246	37	66	17	44
Israel	51	39	228	2 730	6	22	2 846	62	30	35	59
Italie	..	..	..	..	..	..	41 321	14	61	6	-1
Japon	694	-11	175	547	-23	29	74 482	5	47	13	12
Luxembourg	6	56	181	2 070	51	13	398	40	66	12	39
Mexique	150	140	96	398	185	22	36 742	135	21	108	37
Norvège	44	24	175	462	17	21	3 106	58	52	27	25
Nouvelle Zélande	40	12	335	428	-56	6	3 840	65	68	35	43
Pays-Bas	129	11	194	921	11	19	8 956	20	47	14	15
Pologne	207	50	293	501	-69	6	22 734	90	51	95	64
Portugal	..	..	..	..	-46	..	5 807	22	43	22	2
République slovaque	..	..	..	..	146	..	2 196	53	35	47	74
République tchèque	47	16	181	355	0	18	5 330	42	45	34	40
Royaume-Uni	489	2	219	1 165	228	19	34 348	21	47	9	27
Slovénie	18	34	342	456	101	11	1 153	25	52	19	29
Suède	77	11	224	527	40	16	5 167	18	47	5	30
Suisse	61	16	183	854	16	10	4 675	21	54	10	29
Turquie	99	77	93	244	48	27	14 333	140	13	95	76
OCDE	**12 168**	**19**	**294**	**773**	**19**	**15**	**728 570**	**26**	**47**	**24**	**27**
OCDE Amérique	5 500	15	301	679	41	9	43 444	25	49	32	31
OCDE Asie-Océanie	2 611	19	371	1 092	5	27	95 812	22	45	25	29
OCDE Europe	4 058	23	253	774	22	14	589 313	28	46	17	22

Note : Voir les notes par pays à l'annexe.
Source : Eurostat (2015), *Statistiques des transports* (base de données) ; Statistiques des Transports en Amérique du Nord (2015), *Base de données en direct* ; CEE-ONU (2015), « Transport », *UNECE Statistical Database* ; et sources nationales.

StatLink http://dx.doi.org/10.1787/888933365595

Graphique 2.14. **Densité du réseau autoroutier, 2014 ou dernière année disponible**

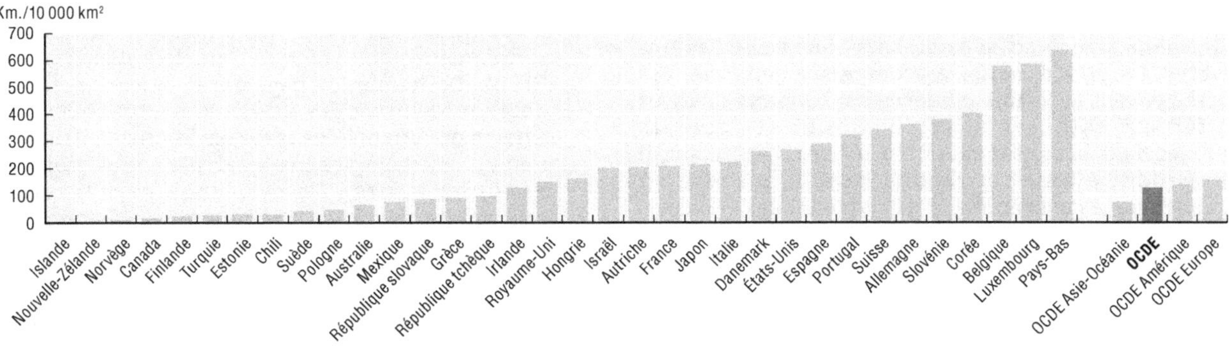

Source : Eurostat (2015), *Statistiques des transports* (base de données) ; FAO (2015), FAOSTAT (base de données) ; Statistiques des Transports en Amérique du Nord (2015), *Base de données en direct* ; et sources nationales.

StatLink http://dx.doi.org/10.1787/888933365356

Tableau 2.4. **Réseau routier et autoroutier**

	Toutes les routes				Autoroutes				PIB
	Longueur totale			Densité	Longueur totale			Densité	% variation
	1 000 km	% variation		Km/100 km²	Km	% variation		Km/10 000 km²	
	2014 ou dernier	1990-2014	2000-14	2014 ou dernier	2014 ou dernier	1990-2014	2000-14	2014 ou dernier	2000-14
Allemagne	644	1	0	180	12 917	19	10	362	16
Australie	873	8	8	11	..	..	..	..	52
Autriche	124	17	16	148	1,719	19	5	205	21
Belgique	155	11	5	508	1 763	6	4	577	20
Canada	1 042	18	16	10	17 000	13	2	17	33
Chili	78	..	-2	10	2 385	..	..	32	82
Corée	106	87	20	106	4 044	161	90	404	75
Danemark	74	4	3	172	1 128	88	18	262	8
Espagne	166	6	1	33	14 701	213	62	291	21
Estonie	59	34	14	130	140	241	51	31	63
États-Unis	6 541	4	3	67	263 932	65	47	268	29
Finlande	107	39	4	32	810	260	48	24	18
France	1 066	32	8	194	11 465	68	17	209	16
Grèce	117	188	2	89	1 197	530	69	91	-2
Hongrie	202	574	27	217	1 515	467	238	163	29
Irlande	96	4	0	137	897	3 350	771	128	34
Islande	13	3	-1	13	0	..	..	0	44
Israel	19	35	14	85	447	..	255	203	59
Italie	255	-68	52	85	6 726	9	4	223	-1
Japon	1 274	14	9	337	8 100	74	22	214	12
Luxembourg	3	4	1	112	152	95	32	587	39
Mexique	379	58	17	19	15 044	172	47	77	37
Norvège	94	6	3	24	392	437	172	10	25
Nouvelle Zélande	94	2	3	35	183	17	10	7	43
Pays-Bas	137	17	5	331	2 646	26	17	637	15
Pologne	413	14	11	132	1 482	477	314	47	64
Portugal	14	-79	..	15	2 988	846	102	324	2
République slovaque	18	1	1	37	423	120	43	86	74
République tchèque	131	5	2	166	776	117	55	98	40
Royaume-Uni	420	10	0	172	3 686	16	2	151	27
Slovénie	39	..	1	192	770	238	80	380	29
Suède	147	7	6	33	1 927	105	29	43	30
Suisse	72	1	1	173	1 419	24	12	344	29
Turquie	389	2	-9	50	2 155	667	29	28	76
OCDE	**15 360**	**10**	**9**	**43**	**384 928**	**38**	**31**	**127**	**27**
OCDE Amérique	1 589	8	6	36	21 070	72	51	140	31
OCDE Asie-Océanie	1 108	14	10	28	..	..	..	75	29
OCDE Europe	12 663	10	13	102	..	87	39	156	22

Note : Voir les notes par pays à l'annexe.
Source : Eurostat (2015), *Statistiques des transports* (base de données) ; FAO (2015), FAOSTAT (base de données) ; Statistiques des Transports en Amérique du Nord (2015), *Base de données en direct* ; et sources nationales.

StatLink http://dx.doi.org/10.1787/888933365603

Prix des carburants routiers

Les prix constituent un moyen d'information essentiel pour les consommateurs. Lorsque les prix des carburants augmentent par rapport à ceux d'autres produits, il en résulte généralement une baisse de la demande de carburants et de véhicules très énergivores. En plus d'inciter à économiser l'énergie, ces tendances peuvent avoir une influence sur les parts relatives des différents carburants, combustibles et vecteurs énergétiques dans la consommation d'énergie. Cependant, il peut se produire un effet rebond dans la mesure où l'amélioration de la consommation de carburant des véhicules peut encourager l'automobilité.

Définitions

Les indicateurs présentés ici concernent les prix des carburants routiers et les taxes auxquelles ces carburants sont assujettis, notamment les prix et les taux de taxation relatifs du gazole et de l'essence sans plomb.

Les informations sur la consommation énergétique du transport routier sont fournies à titre complémentaire.

Les indicateurs doivent être mis en relation avec les données sur la répartition modale des transports et la structure du parc automobile. Ils doivent en outre être complétés par des informations sur les taux de congestion et la pollution atmosphérique due à la circulation routière.

En bref

La consommation énergétique du transport routier représente quelque 88 % de la consommation totale d'énergie des transports et environ un tiers de la consommation finale totale d'énergie. Elle a augmenté parallèlement au développement des transports, mais l'intensité énergétique globale du secteur est demeurée proche de son niveau de 1990, en partie grâce à l'adoption de véhicules moins énergivores, qui a partiellement contrebalancé la hausse des émissions due à leur usage accru.

Les écarts d'intensité énergétique entre pays sont plus marqués lorsqu'il s'agit du transport de marchandises, en regard du transport de personnes. Le transport routier fait presque totalement appel aux carburants pétroliers.

Les pays de l'OCDE ont mis en œuvre une panoplie d'instruments pour remédier aux pressions croissantes qu'exerce l'automobile sur l'environnement.

- Ils ont fixé des normes de consommation de carburant et d'émissions des véhicules qui ont amené à consommer moins de carburant pour parcourir une unité de distance et à améliorer la qualité des carburants, d'où une réduction des émissions qui en résultent.
- Ils ont appliqué des instruments économiques, comme la taxe d'immatriculation et la taxe annuelle de circulation.
- Le traitement fiscal des voitures de société et des déplacements domicile-travail a aussi une influence sur la consommation d'énergie liée aux transports.

Le recours à la fiscalité pour agir sur le comportement des consommateurs d'énergie et internaliser les coûts environnementaux prend de l'ampleur dans les pays de l'OCDE. De nombreux pays ont favorisé l'essence sans plomb moyennant des écarts de taux d'imposition, et certains ont imposé des taxes environnementales sur les produits énergétiques (par exemple en fonction de leur teneur en soufre). De nombreux pays taxent plus lourdement l'essence que le gazole. Par rapport aux moteurs à essence, les moteurs diesel sont plus économes en carburant et rejettent moins de CO_2 par km parcouru, mais ils sont responsables d'émissions plus importantes de polluants atmosphériques comme les NO_x ou les particules fines ($PM_{2.5}$), qui ont des effets dommageables sur la santé.

Les variations des taux d'imposition et la faible taxation de certains carburants particulièrement néfastes pour l'environnement donnent à penser que les pays auraient largement la possibilité de réformer leur fiscalité énergétique et d'atteindre leurs objectifs environnementaux de façon plus efficace et économe.

On trouvera d'autres informations sur la fiscalité en rapport avec l'environnement dans les sections sur les *prix et la fiscalité de l'énergie* et sur la *fiscalité liée à l'environnement*.

Comparabilité

Les données sur la consommation d'énergie du transport routier et sur les prix des carburants routiers devraient être caractérisées par un bon niveau de comparabilité. Lors de la comparaison des prix de l'énergie à la consommation finale et des modalités de taxation de la consommation d'énergie, la prudence s'impose. Vu les multiples facteurs en jeu, les comparaisons directes peuvent induire en erreur. Elles peuvent toutefois servir de point de départ pour analyser les différences observées.

Sources

AIE (2015a), « End-use prices: Energy prices in US dollars », *IEA Energy Prices and Taxes Statistics* (base de données), *http://dx.doi.org/10.1787/data-00442-en*.

AIE (2015b), *Energy Prices and Taxes*, vol. 2015/1, AIE, Paris, *http://dx.doi.org/10.1787/energy_tax-v2015-1-en*.

Pour en savoir plus

AIE, Service de données en ligne, *http://data.iea.org*.

OCDE (2015), *Taxing Energy Use 2015: OECD and Selected Partner Economies*, Éditions OCDE, Paris, *http://dx.doi.org/10.1787/9789264232334-en*.

OCDE (2013), *Inventory of Estimated Budgetary Support and Tax Expenditures for Fossil Fuels 2013*, Éditions OCDE, Paris, *http://dx.doi.org/10.1787/9789264187610-en*.

Informations sur les données concernant Israël : *http://dx.doi.org/10.1787/888932315602*.

Graphique 2.15. **Taxes sur les carburants routiers en pourcentage du prix, 2014**

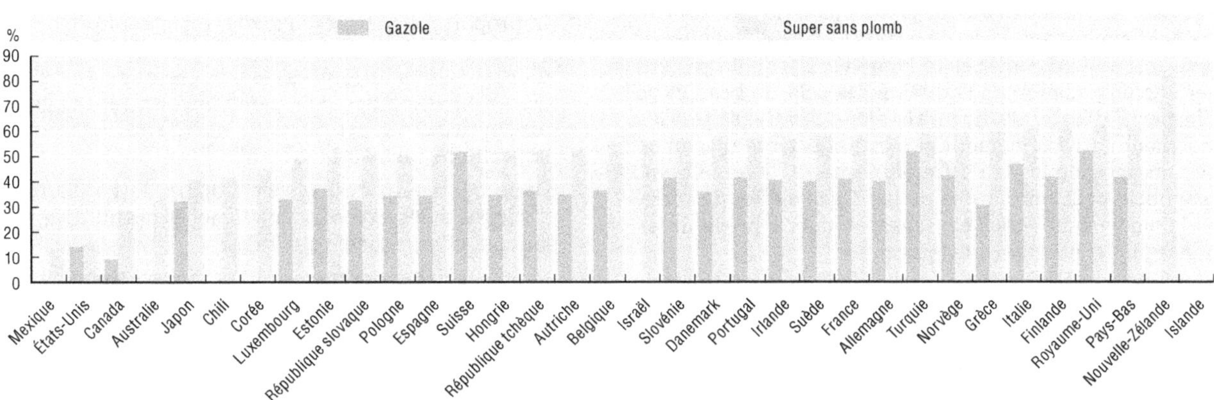

Source : AIE (2015a), *Energy Prices and Taxes* (base de données).

StatLink http://dx.doi.org/10.1787/888933365363

Tableau 2.5. **Prix des carburants routiers et consommation d'énergie**

Aux PPA et prix constants de 2005

	Gazole				Super sans plomb (95 RON)				Consommation d'énergie du transport routier			
	Prix		Taxes		Prix		Taxes		Part dans la consommation finale (%)	Total	Variation en %	
	USD/litre		En % du prix		USD/litre		En % du prix			Mtep		
	2000	2014	2000	2014	2000	2014	2000	2014	2013	2013	2000-13	1990-2013
Allemagne	0.85	1.21	54.7	40.0	1.26	1.54	69.3	58.6	23	52	-3	-7
Australie	..	..	..	..	..	0.89	..	33.3	32	26	16	43
Autriche	0.77	1.12	44.7	34.8	1.18	1.27	60.6	53.3	28	8	19	42
Belgique	0.80	1.01	44.4	36.6	1.29	1.48	65.8	55.8	19	8	0	30
Canada	0.46	0.78	15.9	9.0	..	1.01	..	28.4	25	49	5	25
Chili	..	..	..	..	1.11	1.86	46.5	41.7	28	7	31	140
Corée	..	..	..	..	..	2.17	..	45.2	18	30	32	159
Danemark	0.71	0.82	45.3	35.9	1.07	1.19	66.3	57.1	27	4	-4	4
Espagne	0.88	1.16	45.0	34.4	1.25	1.51	59.2	50.9	31	25	-5	34
Estonie	..	1.61	..	37.3	..	1.78	..	50.0	23	1	17	-49
États-Unis	0.45	0.78	30.7	14.2	0.47	0.77	24.2	14.6	35	517	-3	16
Finlande	0.71	0.97	43.6	41.8	1.23	1.37	67.3	61.4	16	4	1	11
France	0.82	1.02	54.5	41.1	1.30	1.41	69.8	57.9	26	41	-3	10
Grèce	0.94	1.16	43.3	30.6	1.27	1.90	52.8	59.8	32	5	-17	5
Hongrie	1.48	1.99	46.6	34.7	2.40	2.18	60.0	51.6	20	3	-4	-20
Irlande	0.61	1.19	46.4	40.5	1.05	1.34	58.9	57.2	33	3	-4	36
Islande	..	..	..	..	..	..	..	..	10	0	54	100
Israël	..	..	..	..	1.22	1.64	63.7	56.2	31	4	22	110
Italie	0.95	1.30	51.5	46.9	1.41	1.67	64.8	60.7	27	33	-6	5
Japon	0.46	0.93	57.1	32.3	0.78	1.23	56.6	41.3	21	65	-9	5
Luxembourg	0.74	0.91	42.2	33.0	0.97	1.11	55.7	49.0	57	2	17	37
Mexique	0.66	1.04	31.3	0.0	1.00	1.30	43.5	13.8	42	50	20	40
Norvège	1.01	0.82	54.2	42.4	1.30	1.40	68.7	59.3	17	3	3	17
Nouvelle-Zélande	0.48	0.51	0.6	0.4	0.82	1.17	42.5	82.0	31	4	2	36
Pays-Bas	0.89	1.02	49.0	41.8	1.46	1.62	66.4	62.4	17	11	9	25
Pologne	1.22	2.01	42.6	34.5	1.92	2.25	57.1	50.4	22	15	16	9
Portugal	0.98	1.53	48.3	41.6	1.48	1.92	49.4	57.1	32	5	-16	21
République slovaque	1.67	1.99	46.7	32.5	2.61	2.04	53.9	50.3	19	2	-5	-31
République tchèque	1.54	1.86	40.2	36.5	2.24	2.05	55.8	52.9	21	5	-2	-23
Royaume-Uni	1.16	1.35	69.9	52.1	1.42	1.50	75.5	62.1	28	37	-14	-7
Slovénie	..	1.57	..	41.5	..	1.93	..	56.9	37	2	5	32
Suède	0.75	1.08	43.3	40.1	1.09	1.35	67.0	57.8	22	7	-8	1
Suisse	0.72	0.84	63.2	51.9	0.84	0.95	60.3	51.0	28	6	5	11
Turquie	1.90	2.78	58.6	51.9	2.25	2.82	61.8	59.1	21	18	49	115
OCDE	**0.63**	**1.39**	..	..	**0.65**	**1.22**		..	**29**	**1 052**	**0.1**	**17**

Note : Voir les notes par pays à l'annexe.
Source : AIE (2015a), *Energy Prices and Taxes* (base de données).

StatLink http://dx.doi.org/10.1787/888933365619

Engrais, utilisation des sols et animaux d'élevage en agriculture

Les effets de l'agriculture sur l'environnement peuvent être négatifs ou positifs. Ils dépendent de l'ampleur, de la nature et de l'intensité des activités agricoles, de facteurs agro-écologiques et physiques, ainsi que du climat et de la météo. L'agriculture peut provoquer une dégradation de la qualité des sols, de l'eau et de l'air, et la perte d'habitats naturels et de biodiversité. Ces modifications de l'environnement peuvent affecter le niveau de la production agricole et de l'offre alimentaire. Inversement, l'activité agricole peut fournir des puits de gaz à effet de serre, préserver la biodiversité et les paysages, et aider à prévenir les inondations et les glissements de terrain.

Les préoccupations environnementales concernent notamment les ruissellements d'azote (N) et de phosphore (P) dus à l'utilisation excessive d'engrais et à l'élevage intensif, ainsi que les pesticides. L'azote et le phosphore sont responsables de l'eutrophisation des eaux et d'effets connexes sur la vie aquatique et la qualité de l'eau. En outre, l'azote amplifie l'acidification des sols, contribue à la pollution atmosphérique et modifie l'équilibre des gaz à effet de serre. Le principal défi consiste à préserver les fonctions des écosystèmes et à assurer la sécurité alimentaire de la population mondiale.

Définitions

Les indicateurs présentés ici concernent :

- L'intensité d'utilisation d'engrais commerciaux, exprimée comme la consommation apparente d'engrais azotés et phosphatés (en matières actives) par hectare de terres agricoles.
- La densité du bétail, exprimée comme le nombre d'animaux vivants (en équivalents ovins) par hectare de terres agricoles.

La proportion des terres agricoles cultivées en agrobiologie et les variations de la production et de la superficie agricoles sont données à titre de compléments d'information. Elles informent la consommation d'intrants agricoles : éléments nutritifs, pesticides, énergie, eau, etc.

Ces indicateurs décrivent des pressions environnementales potentielles, et non effectives, et peuvent masquer d'importantes variations géographiques. Il convient de les mettre en relation avec les informations sur les bilans des éléments nutritifs et la consommation d'eau en agriculture, la qualité des sols, la biodiversité et la gestion des exploitations.

En bref

Depuis plusieurs décennies, l'importance économique et sociale du secteur agricole diminue dans la plupart des pays de l'OCDE. Dans les années 2000, la croissance de la production agricole de la zone OCDE a ralenti par rapport aux années 90. Dans quasiment tous les pays de l'OCDE, la superficie agricole a baissé, principalement du fait de la transformation de terres agricoles en espaces urbains ou forestiers. Dans près de deux tiers d'entre eux, l'agriculture demeure malgré tout le premier utilisateur foncier (occupant plus de 40 % des terres émergées).

La proportion de terres agricoles en agriculture biologique reste très faible, autour de 2 %, même si ce chiffre masque d'importantes différences selon les pays. Dans l'Union européenne, où des paiements encouragent l'agriculture biologique, la proportion est généralement plus importante, jusqu'à 17 %.

Dans beaucoup de pays de l'OCDE, la consommation d'engrais et les excédents d'éléments nutritifs rapportés à la production agricole ont baissé.

Depuis le début des années 2000, la production agricole de la zone OCDE a augmenté en volume de plus de 3 %, tandis que la consommation d'engrais phosphatés a reculé de 9 % et celle d'engrais azotés, de 12 %. Cette évolution s'explique par l'amélioration du rendement d'utilisation des éléments nutritifs par les agriculteurs et par le ralentissement de la croissance de la production agricole observée dans de nombreux pays dans les années 2000.

La consommation d'engrais varie toutefois considérablement dans et entre les pays. Les variations à l'intérieur des pays s'expliquent par la répartition géographique des élevages intensifs et des systèmes culturaux nécessitant d'importants apports en éléments nutritifs, tels que le maïs et le riz.

Comparabilité

Dans les comparaisons entre pays de l'évolution des excédents d'éléments nutritifs, il convient de prendre en compte les niveaux absolus pendant la période de référence.

Les données relatives à la consommation d'engrais, à l'utilisation des sols et à la production sont généralement de bonne qualité. Une certaine prudence s'impose cependant dans l'interprétation des indicateurs de l'agriculture biologique, la définition de celle-ci pouvant différer selon les pays. Les données relatives à la densité du bétail sont estimées à partir des effectifs en équivalents ovins au moyen de coefficients.

Voir les notes complémentaires en annexe.

Source

FAO (2015), FAOSTAT (base de données), *http://faostat3.fao.org*.

Pour en savoir plus

OCDE (2013a), *Compendium des indicateurs agro-environnementaux de l'OCDE*, Éditions OCDE, Paris, *http://dx.doi.org/10.1787/9789264181243-fr*.

OCDE (2013b), « Performance environnementale de l'agriculture (Édition 2013) », *Statistiques agricoles de l'OCDE* (base de données), *http://dx.doi.org/10.1787/data-00660-fr*.

OCDE/FAO (2015), *Perspectives agricoles de l'OCDE et de la FAO 2015*, Éditions OCDE, Paris, *http://dx.doi.org/10.1787/agr_outlook-2015-fr*.

Informations sur les données concernant Israël : *http://dx.doi.org/10.1787/888932315602*.

Graphique 2.16. **Intensité d'utilisation d'engrais azotés et phosphatés, en kg par hectare de terres agricoles**

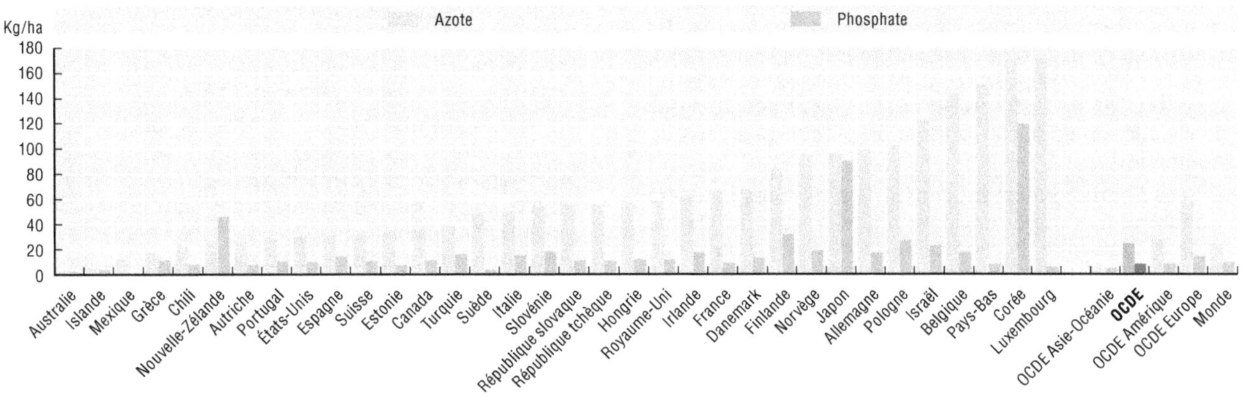

Source : FAO (2015), *FAOSTAT* (base de données) ; Eurostat (2015), *Statistiques agricoles* (base de données).

StatLink http://dx.doi.org/10.1787/888933365376

Tableau 2.6. **Utilisation d'engrais, bétail et terres agricoles**

	Intensité d'utilisation d'engrais commerciaux				Densité du bétail		Terre agricole		Agriculture biologique	Production agricole
	Consommation apparente par hectare de terre agricole				Animaux vivants par hectare de terre agricole		En % de la surface totale		En % de la terre agricole	
	Azote		Phosphate							
	(kg/ha)	% changement	(kg/ha)	% changement	Têtes/km²	% changement	%	% changement	%	% changement
	2012	depuis 2002	2012	depuis 2002	2012	depuis 2002	2012	depuis 2002	2012	depuis 2002
Allemagne	99	-6	17	-12	709	-29	47	-2	6.2	3.2
Australie	3	24	2	-17	65	0	52	-11	3.0	9.2
Autriche	27	-46	7	-68	525	-10	38	-7	17.0	2.5
Belgique	143	12	17	-55	1 788	-245	44	-4	4.5	-5.0
Canada	36	47	11	14	152	-3	7	-3	1.3	23.8
Chili	22	37	8	-23	210	-32	21	5	0.1	41.5
Corée	169	-11	119	57	2 243	825	18	-10	1.4	0.2
Danemark	67	13	13	531	879	-57	61	-1	6.7	2.9
Espagne	31	-10	14	-32	331	7	53	-10	6.4	9.7
Estonie	34	44	7	23	227	16	21	-3	15.1	25.3
États-Unis	30	12	10	0	193	-3	42	-3	0.5	12.7
Finlande	84	5	32	47	337	-47	7	3	8.7	0.4
France	66	-11	9	-64	526	-35	53	-3	3.6	-6.7
Grèce	17	-47	11	-22	263	10	62	-4	5.7	-19.4
Hongrie	57	9	12	9	216	-20	57	-9	2.4	-5.1
Irlande	62	-42	17	-26	1 095	-50	64	3	1.2	-5.2
Islande	5	-14	4	50	68	-2	18	-1	1.0	18.9
Israel	122	54	23	10	1 210	322	24	-8	1.1	26.1
Italie	50	-10	15	-27	490	18	46	-12	8.5	-9.8
Japon	95	-15	90	-33	1 156	105	12	-14	0.2	-5.5
Luxembourg	171	-16	6	-84	983	-63	51	3	3.1	-14.0
Mexique	13	53	1	-75	302	22	54	0	0.5	31.2
Norvège	95	0	19	-29	874	-31	3	-5	5.6	2.6
Nouvelle Zélande	27	5	46	38	828	192	42	-27	0.9	23.0
Pays-Bas	151	1	8	-67	2 404	55	44	-6	2.6	6.0
Pologne	103	108	27	51	386	60	46	-21	4.6	4.1
Portugal	28	-34	10	-50	471	-14	39	-5	5.5	2.6
République slovaque	56	53	11	37	241	-35	39	-21	8.6	-3.6
République tchèque	56	24	10	8	273	-60	54	-1	11.3	-9.8
Royaume-Uni	58	-17	11	-30	630	-120	71	1	3.4	-3.8
Slovénie	54	-17	18	-38	732	-5	24	-7	7.3	-16.4
Suède	49	-17	3	-72	391	-31	7	-3	15.7	-7.8
Suisse	32	22	11	4	808	30	37	-2	7.9	-1.1
Turquie	38	32	16	39	357	49	49	-5	1.8	32.1
OCDE	**25**	**12**	**8**	**-9**	**220**	**5**	**34**	**-6**	**2.2**	**..**
OCDE Amérique	27	19	8	-5	208	1	26	-2	0.6	..
OCDE Asie-Océanie	5	9	5	-5	106	7	50	-11	2.9	..
OCDE Europe	63	2	16	-18	490	-1	39	-7	5.6	..
Monde	24	39	9	37	305	42	37	0	..	37.2

Note : Voir les notes par pays à l'annexe.
Source : FAO (2015), *FAOSTAT* (base de données).

StatLink http://dx.doi.org/10.1787/888933365621

Fiscalité liée à l'environnement

Les prix et les transferts financiers (taxes et subventions) envoient d'importants signaux économiques qui influent sur le comportement des producteurs et des consommateurs. Ils peuvent être utilisés, aux côtés des instruments réglementaires, pour assurer la prise en compte des externalités environnementales de l'activité économique et susciter des modes de production et de consommation plus respectueux de l'environnement.

Les taxes liées à l'environnement constituent pour les pouvoirs publics un instrument important pour modeler les prix relatifs. Dans le cas de l'énergie, la modification des prix relatifs se répercute sur les substitutions entre différentes formes d'énergie et entre l'énergie et d'autres intrants. Le niveau des taxes sur l'énergie par rapport à celui de la fiscalité sur le travail peut affecter les prix relatifs des intrants, se répercuter sur la demande de main-d'œuvre et stimuler le recours à des sources d'énergie plus propres.

Définitions

Les indicateurs présentés ici concernent :

- Les recettes des taxes liées à l'environnement, exprimées en pourcentage du PIB et en pourcentage des recettes fiscales totales.
- La structure des taxes liées à l'environnement, c'est-à-dire des taxes frappant les produits énergétiques, des taxes sur les véhicules à moteur et les transports et des autres taxes (gestion des déchets, gestion de l'eau, substances appauvrissant la couche d'ozone, etc.).

En bref

Les pays de l'OCDE recourent de plus en plus aux taxes liées à l'environnement pour faire évoluer les comportements de consommation et internaliser les coûts environnementaux, mais elles restent bien moins répandues que les taxes sur le travail.

Les recettes des taxes liées à l'environnement représentent quelque 1.6 % du PIB et 5.2 % des recettes fiscales totales. Ces deux pourcentages ont légèrement baissé depuis dix ans, notamment du fait de la hausse des prix internationaux du pétrole, qui a favorisé un transfert des dépenses consacrées aux carburants automobiles (produits parmi les plus lourdement taxés) vers d'autres postes.

Dans les pays de l'OCDE, le produit des taxes liées à l'environnement provient en très grande partie des taxes sur les produits énergétiques, notamment celles sur les carburants automobiles (69 %) et sur les véhicules à moteur et les transports (28 %). Les autres taxes liées à l'environnement, comme celles perçues au titre de la gestion de l'eau et des déchets et sur les produits chimiques dangereux – qui se caractérisent souvent par une plus grande élasticité-prix que la fiscalité énergétique et automobile – représentent aujourd'hui une part relativement faible, mais croissante, des recettes fiscales (3 %).

Il est à noter que les gouvernements soutiennent aussi la production et la consommation d'énergies fossiles de différentes façons, y compris par des allégements fiscaux, des interventions sur les marchés ou des transferts de fonds. Or ce subventionnement nuit à l'efficacité de la fiscalité environnementale et de la politique de l'environnement en général, et il encourage la production d'émissions de carbone.

On trouvera d'autres informations sur la fiscalité en rapport avec l'environnement dans les sections sur les *prix et la fiscalité de l'énergie* et sur les *prix des carburants routiers*.

Comparabilité

Les indicateurs relatifs aux taxes liées à l'environnement ne permettent pas de déterminer dans quelle mesure la fiscalité des pays considérés est « favorable à l'environnement ». Pour ce type d'analyse, des informations complémentaires sur la structure économique et fiscale des pays sont nécessaires. Il faut aussi noter que les recettes provenant des droits et redevances et de tout autre prélèvement lié à la gestion des ressources ne sont pas prises en compte, hormis les redevances dont le montant est proportionnel aux prestations auxquelles elles correspondent (redevances sur les rejets d'eaux usées, par exemple).

Voir les notes complémentaires en annexe.

Sources

OCDE (2014a), « Instruments des politiques environnementales », *Statistiques de l'OCDE sur l'environnement* (base de données), *http://dx.doi.org/10.1787/data-00696-fr*.

OCDE (2014b), « Revenue Statistics: Comparative tables (Edition 2015) », *Statistiques fiscales de l'OCDE* (base de données), *http://dx.doi.org/10.1787/6e3323fd-en*.

Pour en savoir plus

OCDE (2015), *Base de données sur les instruments utilisés dans la politique de l'environnement et la gestion des ressources naturelles*, *www2.oecd.org/ecoinst/queries/Default.aspx*.

OCDE (2014), *Green Growth Indicators 2014*, Études de l'OCDE sur la croissance verte, Éditions OCDE, Paris, *http://dx.doi.org/10.1787/9789264202030-en*.

Informations sur les données concernant Israël : *http://dx.doi.org/10.1787/888932315602*.

Graphique 2.17. **Recettes provenant des taxes liées à l'environnement**

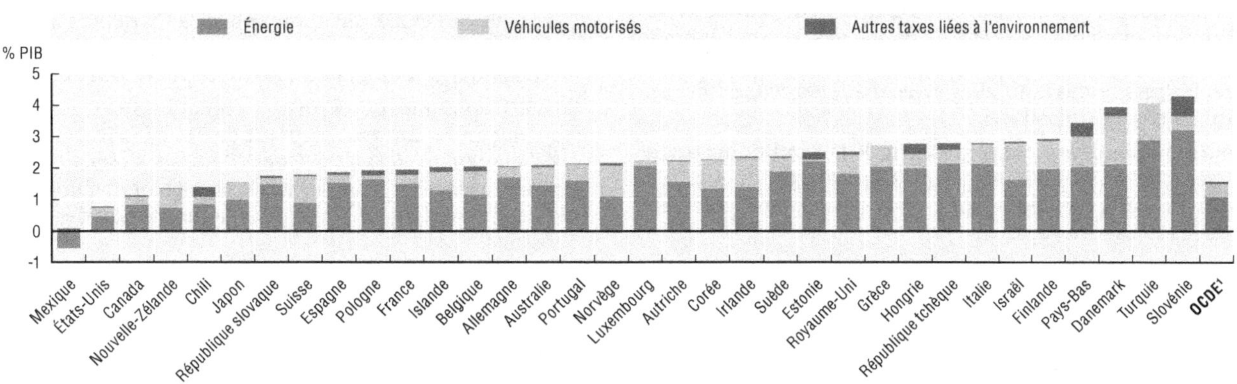

Note : Depuis 2000, le Mexique applique un mécanisme de lissage des prix. Lorsque les prix du gazole et de l'essence sont plus élevés que les prix de référence internationaux, le différentiel correspond en fait à un droit d'accise, appelé impôt spécial sur la production et les services (IEPS). Dans le cas contraire, l'IEPS devient une subvention implicite.
Source : OCDE (2015), *Statistiques de l'OCDE sur l'environnement* (base de données).

StatLink http://dx.doi.org/10.1787/888933365386

Tableau 2.7. **Recettes provenant des taxes liées à l'environnement**

	Recettes provenant des taxes liées à l'environnement						Structure des recettes, %		
	% recettes totales des taxes		% PIB		Millions USD 2013	Variation en % 2000-13	Énergie	Véhicules motorisés	Autres taxes
	2013	variation des points de % depuis 2000	2013	variation points de % depuis 2000			2013	2013	2013
Allemagne	5.59	-0.72	2.05	-0.24	60 150	1.9	83	16	1
Australie*	7.47	-0.44	2.08	-0.33	18 642	27.6	70	28	2
Autriche	5.26	-0.34	2.24	-0.12	7 087	14.8	70	29	1
Belgique	4.56	-1.12	2.04	-0.45	7 650	-3.1	57	37	7
Canada	3.68	-0.12	1.13	-0.22	14 935	8	74	23	4
Chili	6.81	-1.56	1.38	-0.19	3 969	53	62	17	21
Corée	9.25	-2.9	2.25	-0.36	35 021	45.1	60	40	0
Danemark	8.1	-1.67	3.94	-0.76	7 298	-10.1	54	39	7
Espagne	5.7	-0.86	1.86	-0.33	22 878	1.6	83	13	4
Estonie	7.81	3.07	2.49	1.02	633	171.5	89	2	9
États-Unis	3.01	-0.39	0.77	-0.2	110 623	-0.7	61	35	4
Finlande	6.65	-0.02	2.91	-0.14	5 094	12.7	68	31	2
France	4.31	-0.83	1.94	-0.27	39 750	1.7	77	15	8
Grèce	8.09	1.34	2.71	0.47	6 101	17.8	75	25	0
Hongrie	7.09	-0.59	2.76	-0.21	4 844	15.5	73	16	11
Irlande	8.34	-0.61	2.36	-0.4	4 078	11.8	59	40	2
Islande	5.69	-2.31	2.02	-0.87	246	-2.3	64	30	7
Israel	9.26	1.61	2.83	0.16	6 711	63.3	57	41	2
Italie	6.49	-1.12	2.78	-0.31	45 334	-10.6	77	22	1
Japon*	5.37	-1.1	1.54	-0.19	62 684	-1.1	64	35	1
Luxembourg	5.65	-1.46	2.22	-0.42	811	14.1	93	7	0
Mexique*	-5.81	-13.72	-0.47	-1.78	-7 466	-147.3	114	-9	-5
Norvège	5.37	-1.41	2.15	-0.69	5 261	-7.7	51	46	3
Nouvelle Zélande	4.16	-0.87	1.35	-0.34	1 627	10.8	55	44	1
Pays-Bas*	9.22	-0.4	3.44	-0.11	22 219	10.3	59	28	13
Pologne	6.21	0.2	1.92	-0.04	13 803	55.8	86	6	8
Portugal	6.38	-2.15	2.13	-0.48	4 773	-17.6	75	24	1
République slovaque	5.89	-0.84	1.74	-0.52	2 062	30.9	85	12	4
République tchèque	8.15	0.65	2.78	0.34	7 162	56.4	77	16	7
Royaume-Uni	7.63	-0.59	2.51	-0.34	55 926	8.6	72	24	4
Slovénie	11.64	2.28	4.28	0.86	2 163	57.6	75	11	15
Suède	5.51	0.06	2.36	-0.31	8 204	12.9	80	19	1
Suisse	6.57	-0.25	1.78	-0.11	6 060	18.8	50	48	2
Turquie	13.87	2.38	4.06	1.29	42 973	147.7	71	29	0
OCDE	**5.16**	**-0.65**	**1.56**	**-0.26**	**629 304**	**6.2**	**69**	**27**	**3**

Note : Voir les notes par pays à l'annexe.
Source : OCDE (2015), *Statistiques de l'OCDE sur l'environnement* (base de données).

StatLink http://dx.doi.org/10.1787/888933365634

R-D liée à l'environnement

Le développement technologique et l'innovation sont des facteurs essentiels de croissance économique et de productivité. Ils sont importants pour assurer une bonne gestion de l'énergie et des matières, et ils influencent les politiques visant à préserver les ressources naturelles et les matières et à réduire au minimum la charge de pollution.

La mesure des budgets consacrés à la R-D rend compte de l'investissement relatif des économies dans la production de connaissances. Elle témoigne donc des politiques en place en faveur de la croissance verte.

Définitions

Les indicateurs présentés ici concernent :

- Les dépenses publiques de R-D liée à l'environnement. Les données se rapportent aux crédits budgétaires publics de R-D, exprimés en pourcentage des dépenses totales de R-D.
- Les budgets publics de RDD dans les énergies renouvelables. Les données portent sur le soutien public apporté aux projets de recherche, développement et démonstration (RDD) relatifs à l'hydroélectricité, à la géothermie, au solaire, à l'éolien et à d'autres énergies renouvelables. Elles sont exprimées en pourcentage du budget total de RDD énergétique.

En bref

Les dépenses publiques de R-D ont augmenté de 20 % depuis 2000 (en termes réels) ; elles ont culminé en 2008 avant de redescendre lentement pour s'établir à 253 milliards USD en 2013.

La part consacrée à l'environnement a également progressé, de 20.8 % depuis 2000. Après le ralentissement de l'activité économique intervenu en 2008, elle est repartie à la hausse à un rythme plus soutenu que la R-D publique totale pour atteindre 4 milliards USD en 2013. Elle reste toutefois limitée : en 2013, les dépenses publiques de R-D liée à l'environnement représentaient moins de 2 % des dépenses de R-D totales dans la zone OCDE.

Cela étant, on constate des différences très marquées entre les pays. Ceux qui investissent le plus en termes absolus sont l'Allemagne, les États-Unis et le Japon, tandis qu'en termes relatifs, ce sont la Nouvelle-Zélande et l'Australie.

La RDD liée à l'énergie est en moyenne 3.7 fois supérieure à la R-D environnementale. Les budgets que lui consacrent les pays de l'OCDE ont augmenté de 24 % depuis 2000 pour atteindre 14.9 milliards USD en 2013. Cependant, ils ne représentent toujours qu'une toute petite fraction du PIB.

La RDD portant sur les énergies renouvelables n'a cessé de gagner en importance, passant de 8 % de la RDD totale liée à l'énergie en 2000 à 24 % en 2013. Cela s'explique par les préoccupations que suscitent le changement climatique, le renchérissement de l'énergie et la raréfaction des énergies fossiles.

Comparabilité

Les comparaisons internationales doivent tenir compte des différences de structure industrielle et de capacités de recherche entre les pays ; un niveau élevé de dépenses de R-D n'est pas à lui seul un indicateur de bonnes performances en matière d'innovation.

Voir les notes complémentaires en annexe.

Sources

AIE (2014), « RD&D Budget », *IEA Energy Technology RD&D Statistics* (base de données), *http://dx.doi.org/10.1787/data-00488-en*.

OCDE (2014), « Statistiques de la Recherche et du Développement : Crédits budgétaires publics de RD », *Statistiques de l'OCDE de la science et technologie et de la R-D* (base de données), *http://dx.doi.org/10.1787/data-00194-fr*.

Pour en savoir plus

AIE, Service de données sur la RDD en ligne, *www.iea.org/statistics/RDDonlinedataservice*.

OCDE (2015a), *Main Science and Technology Indicators*, Vol. 2014/2, Éditions OCDE, Paris, *http://dx.doi.org/10.1787/msti-v2014-2-en*.

OCDE (2015b), « Brevets technologiques liés à l'environnement », *Statistiques de l'OCDE sur l'environnement* (base de données), *http://dx.doi.org/10.1787/env-tech-pat-data-fr*.

OCDE (2014), *Green Growth Indicators 2014*, Études de l'OCDE sur la croissance verte, Éditions OCDE, Paris, *http://dx.doi.org/10.1787/9789264202030-en*.

Informations sur les données concernant Israël : *http://dx.doi.org/10.1787/888932315602*.

Graphique 2.18. **Budget public de R-D consacré à l'environnement, moyenne 2012-13**

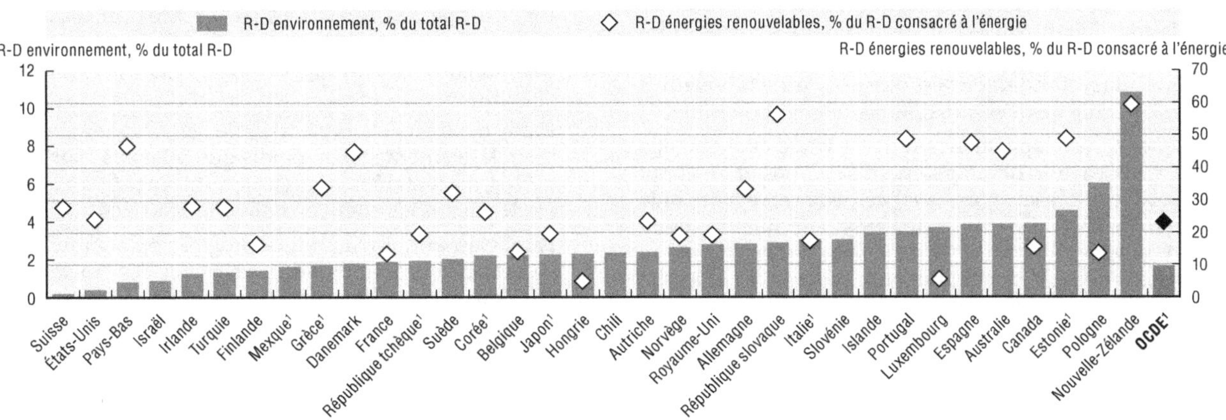

Source : AIE (2015), *IEA Energy Technology RD&D Statistics* (base de données) ; OCDE (2015), *Statistiques de l'OCDE de la science et technologie et de la R-D* (base de données).

StatLink http://dx.doi.org/10.1787/888933365398

Tableau 2.8. **Budget public de R-D consacré à l'environnement**

	R-D environnement		Total R-D			RD-D énergies renouvelables		RD-D consacré à l'énergie		
	% total R-D		% PIB	Millions 2005 USD PPA	Variation en % depuis 2000-01	% RD-D consacré à l'énergie		% PIB	Millions 2005 USD PPA	Variation en % depuis 2000-01
	Moyenne 2012-13	Points de % depuis 2000-01	Moyenne 2012-13	Moyenne 2012-13		Moyenne 2012-13	Points de % depuis 2000-01	Moyenne 2012-13	Moyenne 2012-13	
Allemagne	2.8	-0.4	0.9	26 066	31.6	33.2	7.6	0.03	828	144
Australie	3.9	0.9	0.4	3 948	16.7	44.7	34.8	0.06	493	279
Autriche	2.4	0.9	0.8	2 495	52.0	23.5	-3.7	0.04	120	270
Belgique	2.2	-0.7	0.6	2 401	34.0	14.0	0.0	0.03	121	
Canada	3.9	-0.6	0.5	6 841	21.6	15.5	5.6	0.07	908	250
Chili	2.3		0.2	644						
Corée*	2.2	-2.0	1.0	14 475	146.1	26.2	15.2	0.04	669	345
Danemark	1.8	-0.8	1.0	1 889	48.2	44.7	5.1	0.06	107	154
Espagne	3.8	0.0	0.6	6 995	7.9	47.4	15.4	0.02	192	149
Estonie*	4.5	-1.5	0.8	208	297.5	48.7		0.05	14	
États-Unis	0.4	-0.2	0.8	119 950	23.4	24.1	15.0	0.04	5 323	89
Finlande	1.4	-0.8	1.0	1 788	26.4	16.3	3.0	0.12	206	201
France	1.9	-0.4	0.7	14 659	-13.2	13.4	10.4	0.05	1 078	78
Grèce*	1.7	-2.8	0.4	971	44.9	33.8	-1.2	0.00	8	-25
Hongrie	2.3		0.5	874	0.0	4.8	-22.7	0.09	153	2535
Irlande	1.2	0.9	0.4	742	85.6	28.0	12.9	0.02	36	746
Islande	3.4	2.8	1.0	124	52.8					
Israel	0.9	-0.2	0.6	1 471	14.6					
Italie*	3.0	0.8	0.5	8 794	-16.2	17.3	6.3	0.02	406	14
Japon*	2.2	1.4	0.8	30 869	26.4	19.6	15.6	0.07	2 799	-11
Luxembourg	3.7	0.8	0.7	240	632.7	5.4		0.16	58	
Mexique*	1.6	0.5	0.2	3 784	49.8					
Norvège	2.6	-0.1	0.8	1 924	44.3	18.8	8.5	0.10	237	376
Nouvelle Zélande	10.8	0.0	0.5	586	25.2	59.3	22.5	0.01	11	109
Pays-Bas	0.8	-2.5	0.7	4 756	9.7	46.5	21.5	0.03	199	12
Pologne	6.0	5.9	0.4	2 561	46.9	13.5		0.03	196	
Portugal	3.5	-0.6	0.9	2 073	63.9	48.6	1.0	0.00	3	59
République slovaque	2.9	1.3	0.4	470	93.8	56.1		0.02	20	
République tchèque*	1.9	-1.5	0.7	1 690	79.0	19.4	9.6	0.02	52	302
Royaume-Uni	2.8	0.7	0.6	12 269	4.1	19.2	5.8	0.02	445	548
Slovénie	3.0	1.0	0.5	256	28.0					
Suède	2.0	0.9	0.8	2 903	47.2	32.1	-0.3	0.03	117	47
Suisse	0.2	0.0	0.9	2 917	83.3	27.7	4.6	0.04	122	22
Turquie	1.3		0.3	3 588		27.8	4.9	0.00	11	29
OCDE*	**1.63**	**0.00**	**0.71**	**286 222**	**25.9**	**23.1**	**14.3**	**0.04**	**14 931**	**75**

Note : Voir les notes par pays à l'annexe.
Source : AIE (2015), *IEA Energy Technology RD&D Statistics* (base de données) ; OCDE (2015), *Statistiques de l'OCDE de la science et technologie et de la R-D* (base de données).

StatLink http://dx.doi.org/10.1787/888933365645

APD liée à l'environnement

Les flux financiers internationaux jouent un rôle important dans l'adoption et la diffusion des technologies et des bonnes pratiques. Ils contribuent aux échanges de connaissances entre pays, stimulent l'esprit d'entreprise et les partenariats et occupent une place fondamentale dans les efforts visant à combiner les objectifs de développement et d'environnement.

L'aide publique au développement (APD) est vitale en ce qu'elle peut apporter aux pays en développement des fonds et un appui essentiels. Pour les pays les moins avancés, elle représente plus de deux tiers des financements extérieurs. Par ailleurs, deux tiers de l'APD environ sont versés directement par les donneurs aux pays partenaires. L'APD destinée aux secteurs et objectifs liés à l'environnement représente une importante source de financement au service du développement durable.

Définitions

Les indicateurs présentés ici concernent l'APD bilatérale affectée à des secteurs liés à l'environnement. Les données portent sur les décaissements bruts destinés à la protection de l'environnement, à l'approvisionnement en eau et à l'assainissement, ainsi qu'aux énergies renouvelables. Elles sont exprimées en pour cent du total de l'APD ventilable par secteur.

L'APD nette (décaissements nets d'APD bilatérale) en pourcentage du revenu national brut (RNB) est donnée à titre d'information complémentaire.

En bref

L'aide aux pays en développement a augmenté de 66 % en termes réels depuis 2000. Elle a atteint un premier pic en 2010, avant de redescendre en 2011-12 sous l'effet des mesures d'austérité et des coupes dans les budgets d'aide décidées par de nombreux gouvernements. En 2013, le montant net de l'aide fournie par les membres du Comité d'aide au développement de l'OCDE (CAD) a toutefois augmenté de 6.1 % en termes réels pour atteindre le niveau record de 134.8 milliards USD, malgré la persistance de pressions budgétaires dans les pays de l'OCDE. Cinq pays membres du CAD ont fait mieux que l'objectif défini par les Nations Unies qui prévoit de maintenir l'APD à 0.7 % du RNB, mais collectivement, les pays du CAD ont été loin du compte (ne dépassant pas 0.3 %).

La viabilité écologique entre de plus en plus systématiquement en ligne de compte dans la coopérationpour le développement. En outre, l'aide destinée aux secteurs et objectifs liés à l'environnement a profité de l'accroissement des ressources consacrées à l'aide. En 2013, les décaissements bruts se sont élevés à 9.5 milliards USD, ce qui représente une hausse de 244 % en termes réels par rapport à 2002. Sur la même période, leur part dans l'APD totale est passée de 9.6 % à 12.6 %, grâce principalement au soutien accru apporté à partir du milieu des années 2000 aux programmes en rapport avec l'eau et le changement climatique.

L'aide destinée à la protection de l'environnement est restée relativement stable, tandis que celle axée sur les énergies renouvelables a gagné en importance et dépassé l'aide ciblant les énergies non renouvelables.

Parallèlement, il y a eu une progression significative des apports d'aide tournés vers les objectifs des Conventions de Rio : biodiversité, désertification et changement climatique. En 2013, les membres du CAD ont consacré des ressources d'aide de quelque 5.8 milliards USD à la biodiversité, 15.2 milliards USD à l'atténuation du changement climatique, 10.2 milliards USD à l'adaptation au changement climatique et 2.8 milliards USD à la lutte contre la désertification.

Comparabilité

Les données sur l'APD sont normalisées au travers du système de notification des pays créanciers (SNPC) du Comité d'aide au développement de l'OCDE (CAD). Il est demandé aux donneurs d'APD de classer chaque activité d'aide notifiée dans le cadre du SNPC, mais les données concernant certains donneurs comportent toujours des lacunes et il demeure difficile de déterminer la finalité environnementale des engagements d'aide et des dispositifs d'investissement existants.

Dernière année disponible : les données antérieures à 2010 ont été ignorées.

Voir les notes complémentaires à l'annexe.

Source

OCDE (2014), « Système de notification des pays créanciers : Activités d'aide », *Statistiques de l'OCDE sur le développement international* (base de données), *http://dx.doi.org/10.1787/data-00061-fr*.

Pour en savoir plus

OCDE (2014a), *Coopération pour le développement 2014 : Mobiliser les ressources au service du développement durable*, Éditions OCDE, Paris, *http://dx.doi.org/10.1787/dcr-2014-fr*.

OCDE (2014b), *Green Growth Indicators 2014*, Études de l'OCDE sur la croissance verte, Éditions OCDE, Paris, *http://dx.doi.org/10.1787/9789264202030-en*.

Informations sur les données concernant Israël : *http://dx.doi.org/10.1787/888932315602*.

Graphique 2.19. **Aide publique au développement (ADP) pour l'environnement et les énergies renouvelables, 2013**

Décaissements bruts en pourcentage de l'APD totale

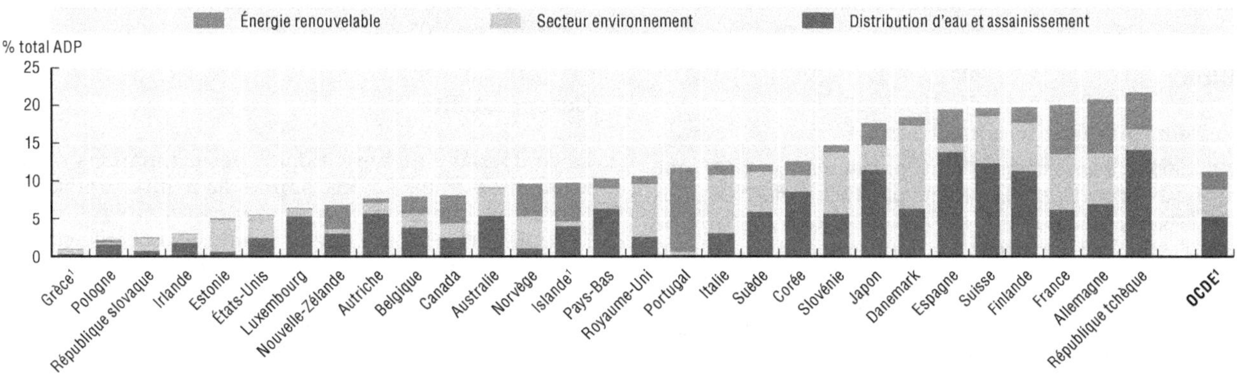

Source : OCDE (2014), « Système de notification des pays créanciers : Activités d'aide », *Statistiques de l'OCDE sur le développement international* (base de données), *http://dx.doi.org/10.1787/data-00061-fr*.

StatLink http://dx.doi.org/10.1787/888933365407

Tableau 2.9. **Aide publique au développement (ADP) pour l'environnement et les énergies renouvelables**

	Distribution d'eau et assainissement		Énergie renouvelable		Secteur environnement		ADP versements nets	
	% du total d'ADP sectorielle		% du total d'ADP sectorielle		% du total d'ADP sectorielle		% RNB	
	2013 ou dernière année disponible	Points de % depuis 2002	2013 ou dernière année disponible	% points change since 2002	2013 ou dernière année disponible	Points de % depuis 2002	2013	Points de % depuis 2000
Allemagne	6.95	-2.88	7.06	2.68	6.75	4.96	0.38	0.11
Australie	5.41	1.96	0.05	-0.05	3.65	1.13	0.33	0.06
Autriche	5.68	1.00	0.58	0.08	1.44	-1.31	0.27	0.04
Belgique	3.79	1.28	2.24	2.23	1.92	0.64	0.45	0.09
Canada	2.43	-0.40	3.71	2.78	1.96	-3.11	0.27	0.02
Chili								
Corée	8.56		1.79		2.23		0.13	0.09
Danemark*	6.32	-3.57	1.10	0.46	11.02	2.85	0.85	-0.21
Espagne	13.79	10.43	4.43	4.11	1.23	-1.61	0.17	-0.05
Estonie	0.56		0.24		4.27		0.13	0.12
États-Unis	2.42	0.20	0.06	-0.06	3.05	-0.40	0.18	0.08
Finlande	11.31	3.30	2.02	2.05	6.43	1.69	0.54	0.23
France	6.18	0.73	6.45	6.04	7.40	1.17	0.41	0.11
Grèce*	0.28	-0.67	0.04		0.64	-4.33	0.10	-0.10
Hongrie*							0.10	0.07
Irlande	1.75	-5.70	0.01	-0.02	1.19	0.69	0.46	0.17
Islande	3.95		5.09		0.71		0.25	0.15
Israel							0.07	-0.07
Italie*	3.02	1.80	1.31	1.19	7.76	-7.05	0.17	0.04
Japon	11.44	0.61	2.87	1.88	3.34	1.78	0.23	-0.05
Luxembourg	5.31		0.10		1.02		1.00	0.30
Mexique								
Norvège	1.02	-2.20	4.19	3.39	4.40	-0.12	1.07	0.31
Nouvelle Zélande	3.00	1.69	3.21	2.61	0.62	0.35	0.26	0.01
Pays-Bas	6.30	0.36	1.22	0.95	2.77	-4.43	0.67	-0.17
Pologne	1.55		0.28		0.31		0.10	0.08
Portugal	0.14	-0.13	11.10	10.56	0.48	-0.09	0.23	-0.03
République slovaque	0.70		0.05		1.71		0.09	0.06
République tchèque	14.13		4.84		2.72		0.11	0.08
Royaume-Uni	2.56	-0.53	1.02	0.91	7.05	5.74	0.71	0.39
Slovénie	5.63		0.91		8.16		0.13	
Suède	5.92	-0.03	0.89	0.66	5.33	1.32	1.01	0.21
Suisse*	12.33	5.85	1.02	-0.02	6.26	-3.17	0.47	0.15
Turquie							0.42	0.38
OCDE*	**5.26**	**0.54**	**2.34**	**1.74**	**3.65**	**-0.54**	**0.37**	**0.08**

Note : Voir les notes par pays à l'annexe.

Source : OCDE (2014), « Système de notification des pays créanciers : Activités d'aide », *Statistiques de l'OCDE sur le développement international* (base de données), *http://dx.doi.org/10.1787/data-00061-fr*.

StatLink http://dx.doi.org/10.1787/888933365659

PIB, population et consommation

Cette section présente des informations importantes sur le contexte socio-économique qui concernent en particulier la croissance économique, la démographie et la consommation.

Définitions

Les indicateurs présentés ici portent sur :

- La croissance économique. Sont présentés : le PIB total, exprimé aux prix et parités de pouvoir d'achat de 2005, ainsi que le PIB par habitant et sa variation depuis 1990. La structure du PIB est donnée à titre de complément d'information. Elle indique la part de la valeur ajoutée produite dans l'agriculture (chasse, pêche et sylviculture comprises), dans l'industrie (industries extractives, industries manufacturières, eau, gaz et électricité, et secteur de la construction) et dans les services. La valeur ajoutée ne comprend pas les services d'intermédiation financière indirectement mesurés.
- L'accroissement démographique et la densité de population. Sont présentés : l'évolution de la population résidente (tous les ressortissants du pays présents dans celui-ci ou temporairement absents, ainsi que les ressortissants d'autres pays qui y sont établis de façon permanente), la densité de population (nombre d'habitants rapporté à la superficie totale du pays) et un « indice de vieillissement » (rapport entre les plus de 64 ans et les moins de 15 ans).
- La consommation privée, c'est-à-dire la consommation des ménages et des institutions privées sans but lucratif au service des ménages. Sont présentées : les dépenses de consommation finale privée exprimées en % du PIB et par habitant, ainsi que la structure de la consommation privée. Les dépenses de consommation finale privée forment le plus important élément des emplois finals du PIB, représentant en général quelque 70 % de celui-ci. Elles correspondent à la somme i) des achats de services et de biens neufs de consommation durables et non durables effectués par les ménages résidents, diminués de leurs ventes nettes de biens d'occasion, de rebuts et de déchets, et ii) de la valeur des biens et services produits par les institutions privées sans but lucratif pour leur propre usage courant. Elles sont exprimées aux prix et parités de pouvoir d'achat de 2005. Les loyers se réfèrent aux loyers imputés.
- La consommation publique. Sont présentées : les dépenses de consommation finale des administrations publiques exprimées en pourcentage du PIB et par habitant. La consommation finale totale des administrations publiques est une composante importante du PIB, qui reflète le rôle de celles-ci en tant que consommatrices directes de biens et services finaux. Elle représente la valeur des biens et services produits par les administrations pour leur propre usage courant ; elle est exprimée aux prix et parités de pouvoir d'achat de 2005.

Comparabilité

La comparabilité internationale des estimations relatives à la population et au PIB est bonne. Leur interprétation appelle toutefois une certaine prudence : à titre d'exemple, le Luxembourg et, à un degré moindre, la Suisse comptent un nombre relativement important de travailleurs frontaliers. Ces travailleurs contribuent au PIB du pays mais n'apparaissent pas dans ses données démographiques, et c'est l'une des raisons pour lesquelles on préfère souvent s'appuyer sur le revenu national brut (RNB) ou net (RNN) pour comparer le revenu par habitant entre pays.

La comparabilité des dépenses de consommation privée est bonne, et celle des dépenses des administrations publiques est très bonne.

Voir les notes complémentaires à l'annexe.

Sources

Banque mondiale (2015), *Les données ouvertes de la Banque mondiale*, *http://donnees.banquemondiale.org*.

FAO (2015), FAOSTAT (base de données), *http://faostat3.fao.org*.

OCDE (2015), « Agrégats des comptes nationaux, SCN 1993 », *Statistiques de l'OCDE sur les comptes nationaux* (base de données), *http://dx.doi.org/10.1787/na-ana-data-fr*.

OCDE (2014a), « Perspectives économiques de l'OCDE n° 95 (Édition 2014/1) », *Perspectives économiques de l'OCDE : statistiques et projections* (base de données), *http://dx.doi.org/10.1787/data-00688-fr*.

OCDE (2014b), « Projections de la population», *Statistiques de la population active* (base de données), *http://dx.doi.org/10.1787/lfs-lfs-data-fr*.

Pour en savoir plus

OCDE (2014), *Panorama des comptes nationaux 2014*, Éditions OCDE, Paris, *http://dx.doi.org/10.1787/na_glance-2014-fr*.

Informations sur les données concernant Israël : *http://dx.doi.org/10.1787/888932315602*.

Graphique 2.20. **Produit intérieur brut (PIB) par habitant, 2013**

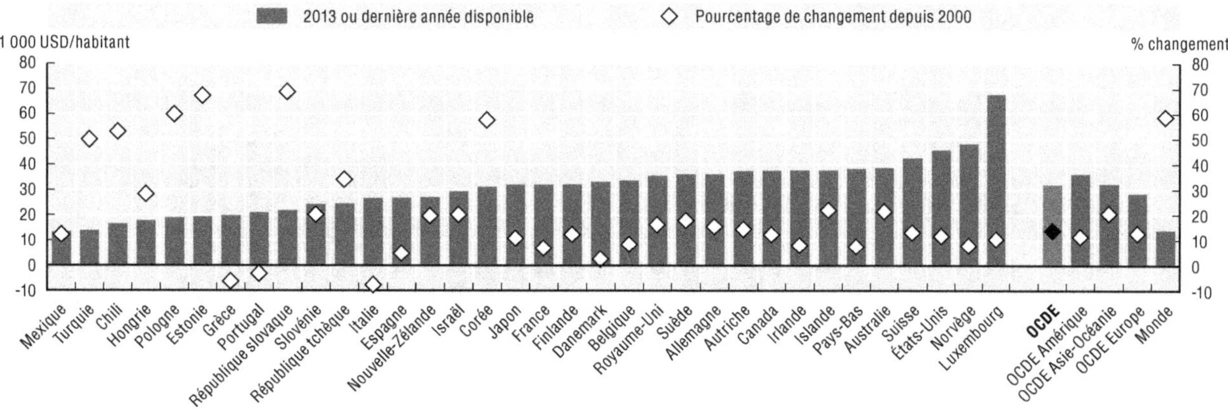

Source : OCDE (2014), *Statistiques de la population active* (base de données) ; OCDE (2015), *Statistiques de l'OCDE sur les comptes nationaux* (base de données) ; Banque mondiale (2015), *Les données ouvertes de la Banque mondiale.*

StatLink http://dx.doi.org/10.1787/888933365419

Tableau 2.10. **Produit intérieur brut (PIB)**

	Produit Intérieur Brut				Structure de la valeur ajoutée		
	Total	Par habitant			Agriculture	Industrie	Services
	Milliard USD	1000 USD	% variation	% variation	%	%	%
	2013	2013	1990-2013	2000-13	2013	2013	2013
Allemagne	2 933	36.2	35.6	15.5	0.9	30.7	68.4
Australie	895	38.7	54.2	21.4	2.4	26.8	70.7
Autriche	317	37.4	42.1	14.4	1.4	28.2	70.3
Belgique	376	33.6	31.7	8.4	0.8	22.5	76.7
Canada	1 325	37.5	34.4	12.3	1.5	27.7	70.8
Chili	288	16.4	148.7	53.0	3.4	35.3	61.3
Corée	1 558	31.0	170.5	57.6	2.3	38.6	59.1
Danemark	185	33.2	28.5	2.5	1.4	22.9	75.8
Espagne	1 233	26.8	33.0	4.7	2.8	23.3	73.9
Estonie	25	19.3	77.9	67.3	3.6	28.9	67.5
États-Unis	14 452	45.7	38.5	11.6	1.3	21.0	77.7
Finlande	175	32.1	35.6	12.3	2.7	26.9	70.5
France	2 048	32.0	26.2	6.8	1.7	19.8	78.5
Grèce	225	19.8	11.2	-6.3	3.8	13.8	82.4
Hongrie	176	17.8	33.0	28.3	4.4	30.2	65.4
Irlande	173	37.7	98.4	8.0	1.6	24.1	74.3
Islande	12	37.7	43.1	22.0	7.7	24.5	67.8
Israel	237	29.4	59.6	20.2	..	..	..
Italie	1 628	26.6	8.3	-7.7	2.3	23.3	74.4
Japon	4 071	32.0	20.6	10.7	1.2	25.6	73.2
Luxembourg	36	67.9	58.0	10.4	0.3	12.2	87.5
Mexique	1 588	13.4	36.3	12.3	3.5	34.8	61.7
Norvège	245	48.2	46.2	7.9	1.5	40.8	57.7
Nouvelle Zélande	121	27.0	42.6	19.6	7.2	23.8	69.1
Pays-Bas	647	38.4	38.0	7.5	2.0	22.2	75.9
Pologne	719	18.9	128.6	59.8	3.3	33.2	63.5
Portugal	224	20.9	24.7	-3.3	2.3	21.1	76.7
République slovaque	118	21.8	77.4	68.9	4.0	33.2	62.7
République tchèque	258	24.5	42.1	34.1	2.6	36.7	60.7
Royaume-Uni	2 228	35.6	43.1	16.2	0.7	20.2	79.2
Slovénie	50	24.2	44.6	20.2	2.1	32.0	65.8
Suède	348	36.2	40.5	17.9	1.4	25.9	72.7
Suisse	341	42.5	19.0	13.0	0.7	25.7	73.6
Turquie	1 057	13.9	78.8	49.8	8.5	27.1	64.4
OCDE	**40 311**	**32.1**	**38.2**	**13.8**	**1.4**	**23.8**	**74.7**
OCDE Amérique	17 653	36.2	37.4	11.4	..	..	..
OCDE Asie-Océanie	6 881	32.3	42.3	20.6	..	..	..
OCDE Europe	15 777	28.4	34.9	12.6	..	..	..
Monde	**99 447**	**14.0**	**58.7**	**37.0**	..	..	..

Source : OCDE (2014), *Statistiques de la population active* (base de données) ; OCDE (2015), *Statistiques de l'OCDE sur les comptes nationaux* (base de données) ; Banque mondiale (2015), *Les données ouvertes de la Banque mondiale.*

StatLink http://dx.doi.org/10.1787/888933365666

Graphique 2.21. **Densité de population, 2013**

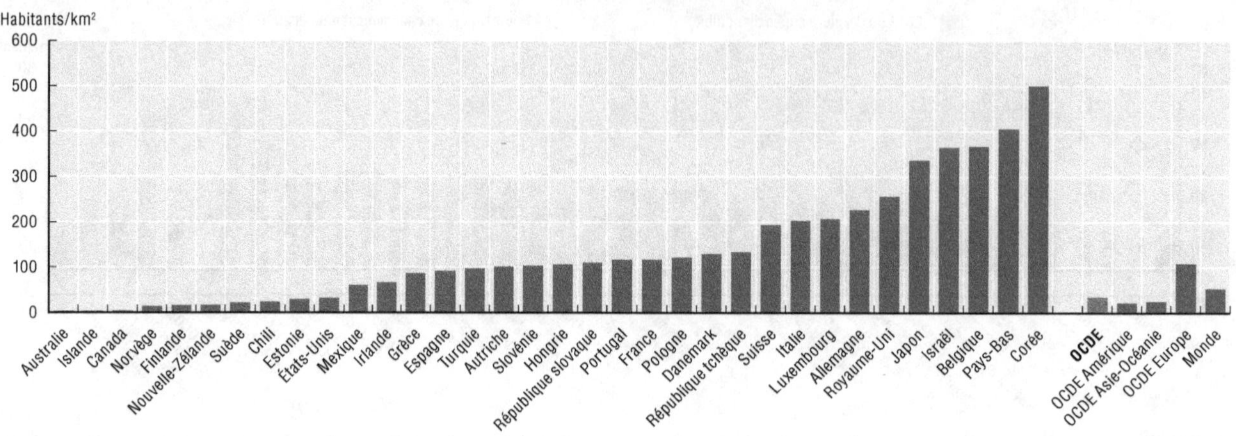

Source : OCDE (2014), *Statistiques de la population active* (base de données) ; FAO (2015), FAOSTAT (base de données).

StatLink http://dx.doi.org/10.1787/888933365428

Tableau 2.11. **Densité de population et vieillissement**

	Total	% variation		Densité	Indice de vieillissement		
	1 000 habitants			Hab./km^2	Pop. > 64/pop. < 15		
	2013	1990-2013	2000-13	2013	1990	2000	2013
Allemagne	81 059	2	-1	227	93	105	163
Australie	23 132	36	22	3	50	60	76
Autriche	8 469	10	6	101	85	91	127
Belgique	11 196	12	9	367	82	95	104
Canada	35 317	28	15	4	55	65	93
Chili	17 557	33	14	23	20	26	46
Corée	50 220	17	7	501	20	34	83
Danemark	5 582	9	5	130	91	80	102
Espagne	46 046	19	14	91	69	114	116
Estonie	1 320	-16	-4	29	52	85	115
États-Unis	316 129	27	12	32	58	58	73
Finlande	5 440	9	5	16	69	82	116
France	64 046	13	8	117	70	85	99
Grèce	11 361	12	4	86	71	109	139
Hongrie	9 887	-5	-3	106	66	90	120
Irlande	4 593	31	21	65	42	51	56
Islande	322	26	15	3	43	50	62
Israel	8 057	73	28	365	29	34	38
Italie	61 178	8	7	203	90	128	149
Japon	127 296	3	0	337	66	119	195
Luxembourg	537	41	23	207	77	74	87
Mexique	118 395	36	17	60	11	15	23
Norvège	5 080	20	13	13	86	76	86
Nouvelle Zélande	4 472	32	16	17	49	52	71
Pays-Bas	16 851	13	6	406	70	73	100
Pologne	38 056	0	-1	122	41	63	97
Portugal	10 723	7	4	116	66	99	125
République slovaque	5 416	2	1	110	41	59	88
République tchèque	10 520	2	2	133	58	84	115
Royaume-Uni	62 571	9	6	257	83	83	97
Slovénie	2 085	4	5	103	52	88	117
Suède	9 610	12	8	21	99	94	121
Suisse	8 018	19	12	194	85	88	128
Turquie	76 055	36	13	97	13	23	31
OCDE	**1 256 596**	**18**	**9**	**35**	**52**	**64**	**86**
OCDE Amérique	487 398	29	14	22	40	43	57
OCDE Asie-Océanie	213 176	11	5	25	50	82	137
OCDE Europe	556 022	11	6	108	63	79	100
Monde	7 162 120	35	17	53	..	..	..

Note : Voir les notes par pays à l'annexe.
Source : OCDE (2014), *Statistiques de la population active* (base de données) ; FAO (2015), FAOSTAT (base de données).

StatLink http://dx.doi.org/10.1787/888933365678

Graphique 2.22. **Consommation finale privée et des administrations publiques, 2013 ou dernière année disponible**

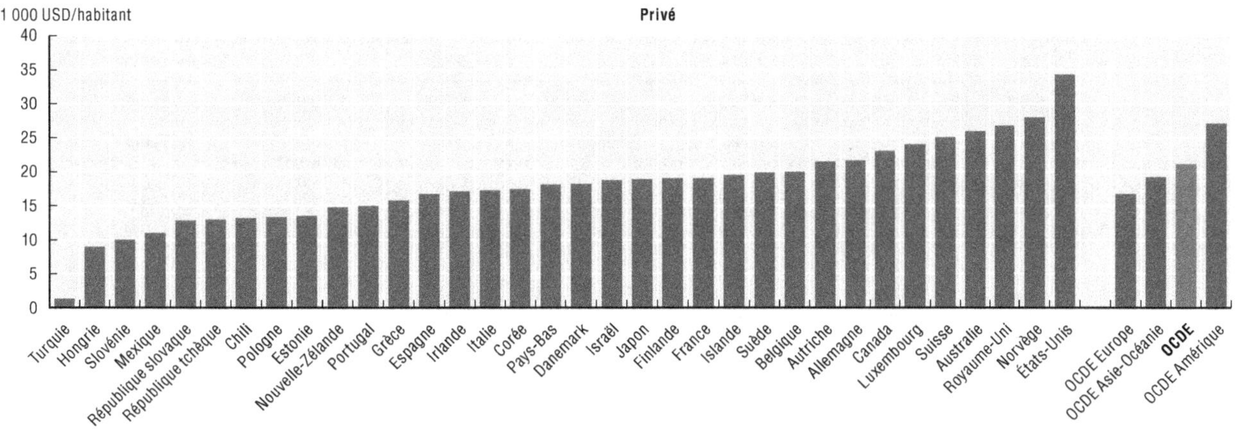

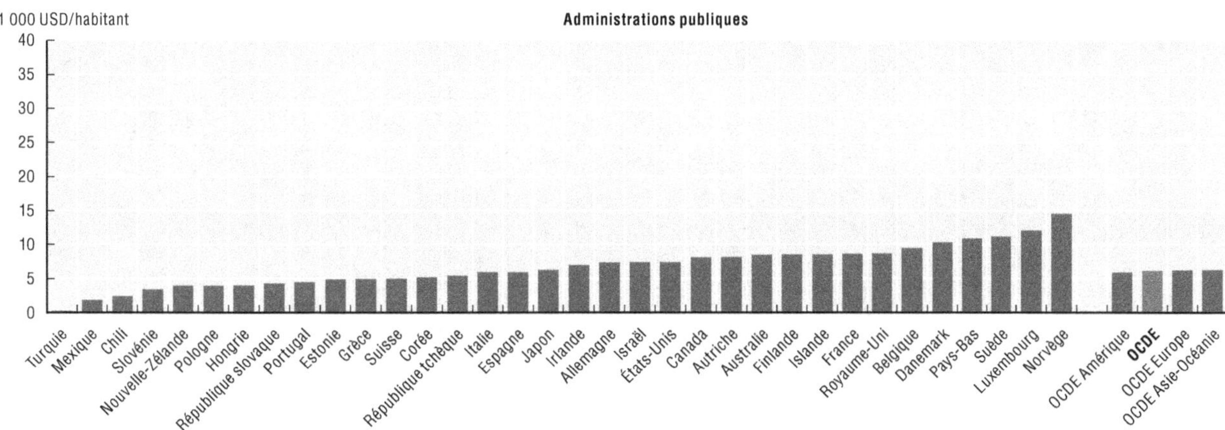

Source : OCDE (2014), « Perspectives économiques de l'OCDE n° 95 », *Perspectives économiques de l'OCDE : statistiques et projections* (base de données) ; OCDE (2014), *Statistiques de la population active* (base de données).

StatLink http://dx.doi.org/10.1787/888933365439

Graphique 2.23. **Consommation finale privée par type, 2013 ou dernière année disponible**

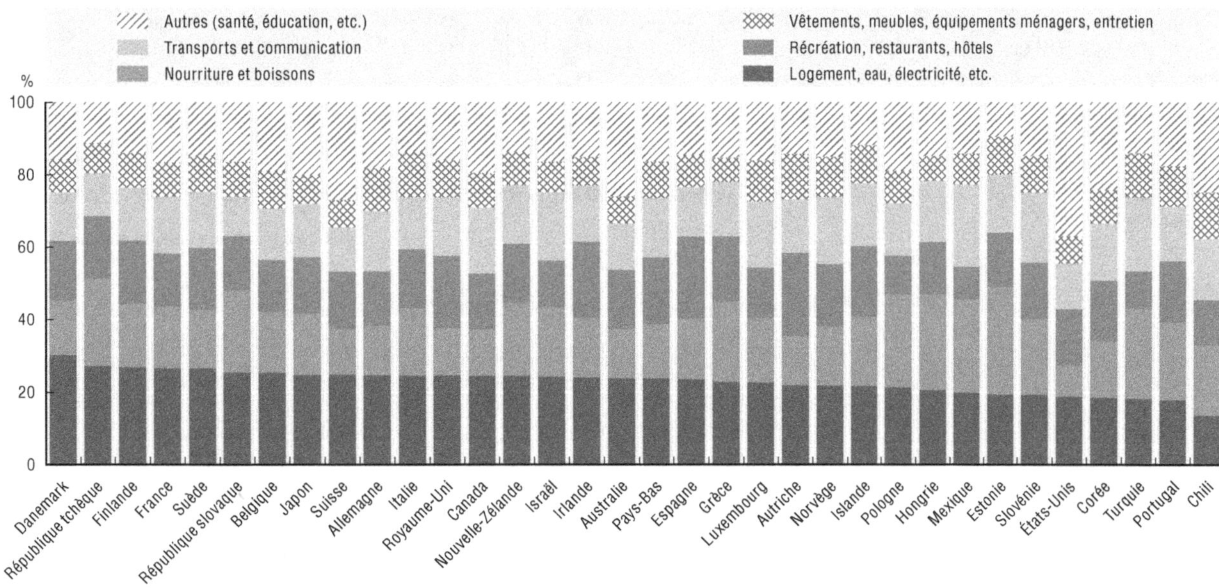

Source : OCDE (2015), *Statistiques de l'OCDE sur les comptes nationaux* (base de données).

StatLink http://dx.doi.org/10.1787/888933365440

Tableau 2.12. **Consommation finale privée et des administrations publiques**

	Consommation privée finale				Consommation gouvernementale finale			
	Total	Par habitant			Total	Par habitant		
	% PIB	1 000 USD	% variation	% variation	% PIB	1 000 USD	% variation	% variation
	2013	2013	1990-2013	2000-13	2013	2013	1990-2013	2000-13
Allemagne	55	22	27	12	19	7	40	19
Australie	54	26	58	27	17	8	44	21
Autriche	54	21	30	10	20	8	40	13
Belgique	51	20	22	6	24	9	28	11
Canada	56	23	48	27	21	8	12	17
Chili	64	13	124	88	13	2	70	55
Corée	50	17	128	42	15	5	136	73
Danemark	49	18	29	11	27	10	38	14
Espagne	59	17	25	1	19	6	70	30
Estonie	52	13	166	77	19	5	49	51
États-Unis	67	34	51	18	15	7	2	4
Finlande	55	19	39	25	25	8	16	11
France	55	19	28	10	24	9	30	15
Grèce	71	16	12	-3	19	5	15	1
Hongrie	51	9	43	23	19	4	21	27
Irlande	46	17	76	9	16	7	59	13
Islande	53	19	34	6	24	8	33	13
Israel	56	19	42	23	23	7	7	5
Italie	61	17	7	-9	19	6	1	-2
Japon	60	19	26	13	20	6	63	23
Luxembourg	31	24	27	4	18	12	67	26
Mexique	68	11	46	23	12	2	8	5
Norvège	41	28	87	42	22	14	59	26
Nouvelle Zélande	57	15	56	36	18	4	32	26
Pays-Bas	45	18	24	-4	26	11	52	32
Pologne	60	13	155	55	18	4	102	44
Portugal	65	15	31	-2	19	4	35	0
République slovaque	57	13	105	54	18	4	55	48
République tchèque	48	13	51	29	19	5	27	21
Royaume-Uni	64	27	57	17	20	9	37	22
Slovénie	53	10	..	14	19	3	..	18
Suède	47	20	38	22	26	11	14	7
Suisse	53	25	16	9	11	5	9	5
Turquie	70	1	76	47	15	0	103	54
OCDE	**65**	**21**	**..**	**17**	**19**	**6**	**..**	**14**
OCDE Amérique	73	27	..	19	16	6	..	5
OCDE Asie-Océanie	58	19	..	21	19	6	..	30
OCDE Europe	58	17	..	10	22	6	..	17

Note : Voir les notes par pays à l'annexe.
Source : OCDE (2014), « Perspectives économiques de l'OCDE n° 95 », *Perspectives économiques de l'OCDE : statistiques et projections* (base de données) ; OCDE (2014), *Statistiques de la population active* (base de données).

StatLink http://dx.doi.org/10.1787/888933365684

ANNEXE

Informations complémentaires et notes par pays

Émissions de gaz à effet de serre (GES)

Le principal accord international est la Convention-cadre des Nations Unies sur les changements climatiques (Rio de Janeiro, 1992), qui a été ratifiée par 196 parties. Les pays industrialisés s'y étaient engagés à prendre des mesures pour stabiliser leurs émissions de GES au niveau de 1990 à l'horizon 2000. En 1997, le Protocole de Kyoto a défini des objectifs nationaux ou régionaux différenciés de réduction ou de limitation des émissions des six principaux GES (CO_2, CH_4, N_2O, PFC, HFC et SF_6), objectifs qui devaient être atteints au cours de la période 2008-12 par rapport à l'année de référence 1990. Il a été ratifié par 192 pays, dont tous les pays de l'OCDE sauf deux, et est entré en vigueur le 16 février 2005. Les négociations menées lors des conférences de Copenhague et de Cancún ont permis des avancées en 2010 et 2011, notamment en ce qui concerne les objectifs de réduction des émissions, y compris de la part des pays en développement ; le financement ; l'adaptation ; et la réduction des émissions liées à la déforestation et à la dégradation des forêts (REDD).

Les données présentées dans ce rapport portent sur la somme des émissions des six « gaz de Kyoto » exprimées en équivalents CO_2 (état de la CCNUCC et du protocole de Kyoto en mai 2014). Elles ne sont toutefois pas directement liées aux objectifs de Kyoto ; elles concernent les émissions nationales (c'est-à-dire produites sur le territoire national) et ne tiennent pas compte des émissions et absorptions de CO_2 dues à l'utilisation des terres, aux changements d'affectation des terres et à la foresterie, ni des transactions internationales d'unités de réduction des émissions ou d'unités de réduction certifiée des émissions.

- Dernière année disponible : les données antérieures à 2009 ont été ignorées.

Corée et Israël. Dernière année disponible : 2011.

Mexique. Dernière année disponible : 2010. Les données comprennent les émissions et les absorptions dues aux changements d'affectation des terres et à la foresterie.

OCDE et OCDE Asie-Océanie. Les données ne comprennent pas Israël.

Émissions de SO_x et NO_x

En Europe et en Amérique du Nord, un important instrument international est la Convention sur la pollution atmosphérique transfrontière à longue distance (Genève, 1979) et ses protocoles relatifs à la réduction des émissions d'oxydes de soufre (Helsinki, 1985 ; Oslo, 1994 ; Göteborg, 1999) et d'oxydes d'azote (Sofia, 1988 ; Göteborg, 1999). La Convention a donné lieu à d'autres protocoles visant les rejets de composés organiques volatils

(Genève, 1991 ; Göteborg, 1999), d'ammoniac (Göteborg, 1999), de métaux lourds (Aarhus, 1998) et de polluants organiques persistants (Aarhus, 1998). En 2012, le Protocole de Göteborg a été révisé afin de définir des objectifs de réduction des émissions plus ambitieux à l'horizon 2020 et au-delà, avec notamment des objectifs relatifs aux particules fines (qui comprennent le carbone noir, un polluant contribuant au forçage climatique).

- Les données se rapportent aux émissions anthropiques uniquement. Les émissions de SO_x et de NO_x sont exprimées sous forme de quantités de SO_2 et de NO_2 respectivement. Les émissions des transports internationaux (aériens, maritimes) n'entrent pas en ligne de compte.
- Les données peuvent inclure des chiffres provisoires et des estimations du Secrétariat. Pour certains pays, les estimations éclairées de l'EMEP ont été utilisées : République tchèque 2012 ; Pologne 1990.
- Variation en pour cent : variation entre 1990 et la dernière année disponible. Dernière année disponible : les données antérieures à 2009 ont été ignorées.

Australie. NO_x : hors émissions dues au brûlage dirigé de la savane (681 000 tonnes en 2012).

Corée et Israël. Dernière année disponible : 2011.

Islande. SO_x : comprend les émissions de H_2S des centrales électriques géothermiques (exprimées sous forme de SO_2 ; ces émissions ont représenté 68 000 tonnes en 2012, soit 80 % des émissions totales).

Luxembourg. Les données ne comprennent pas les émissions liées au « tourisme à la pompe » (qui résulte d'une taxation des carburants routiers plus faible que dans les pays voisins).

Nouvelle-Zélande. NO_x : hors émissions dues au brûlage dirigé de la savane.

OCDE. Estimations du Secrétariat de l'OCDE, ne comprennent pas le Chili ni le Mexique.

Émissions de particules et exposition de la population

Émissions de particules fines

Le principal accord international est le Protocole à la Convention de 1979 sur la pollution atmosphérique transfrontière à longue distance, relatif à la réduction de l'acidification, de l'eutrophisation et de l'ozone troposphérique (Protocole de Göteborg). Signé en 1999 sous l'égide de la CEE-ONU et révisé en 2012, ce Protocole définit des objectifs nationaux de réduction des émissions de $PM_{2.5}$ à atteindre d'ici à 2020.

- Les données présentées concernent les émissions anthropiques de particules fines de diamètre inférieur à 2.5 microns.

Exposition de la population aux particules fines

Les données présentées dans le rapport portent sur les concentrations de particules fines pondérées par la population et sur la population exposée à des concentrations de particules fines supérieures aux valeurs guides de l'OMS. Elles doivent être considérées comme fournissant une indication générale de la qualité de l'air, dans le but de permettre des comparaisons internationales du risque relatif de pollution particulaire. Les concentrations et niveaux d'exposition effectifs peuvent être différents, car les concentrations de polluants sont très sensibles aux conditions locales et tous les pays n'emploient pas les mêmes méthodes de mesure.

Tableau A.1. **Plafonds d'émission selon les dispositions de l'article 3, paragraphes 1 et 10 du protocole de Göteborg**[1]

Partie	Émissions de soufre (milliers de tonnes de SO_2 par an) Niveau 1980	Niveau 1990	Plafond 2010	Réduction en % pour 2010 (année de référence : 1990)	Statut du Protocole[2]	Émissions d'oxydes d'azote (milliers de tonnes de NO_2 par an) Niveau 1990	Plafond 2010	Réduction en % pour 2010 (année de référence : 1990)	Partie
Allemagne	7 514	5 313	550	-90	R	2 693	1 081	-60	Allemagne
Autriche	400	91	39	-57	S	194	107	-45	Autriche
Belgique	828	372	106	-72	R	339	181	-47	Belgique
Canada national	4 643	3 236	..	..	S	2104	..	..	Canada
Canada ZGEP[3]	3 135	1 873	..	..					
Danemark	450	182	55	-70	R	282	127	-55	Danemark
Espagne	2 959	2 182	774	-65	R	1 113	847	-24	Espagne[1]
États-Unis	..	..	..	..	R	..	..	..	États-Unis
Finlande	584	260	116	-55	R	300	170	-43	Finlande
France	3 208	1 269	400	-68	R	1 882	860	-54	France
Grèce	400	509	546	7	S	343	344	0	Grèce
Hongrie	1 633	1 010	550	-46	R	238	198	-17	Hongrie
Irlande	222	178	42	-76	S	115	65	-43	Irlande
Italie	3 757	1 651	500	-70	S	1 938	1 000	-48	Italie
Luxembourg	24	15	4	-73	R	23	11	-52	Luxembourg
Norvège	137	53	22	-58	R	218	156	-28	Norvège
Pays-Bas	490	202	50	-75	R	580	266	-54	Pays-Bas
Pologne	4 100	3 210	1 397	-56	S	1 280	879	-31	Pologne
Portugal	266	362	170	-53	R	348	260	-25	Portugal
République slovaque	780	543	110	-80	R	225	130	-42	République slovaque
République tchèque	2 257	1 876	283	-85	R	742	286	-61	République tchèque
Royaume-Uni	4 863	3 731	625	-83	R	2 673	1 181	-56	Royaume-Uni
Slovénie	234	196	27	-86	R	63	45	-29	Slovénie
Suède	491	119	67	-44	R	338	148	-56	Suède
Suisse	116	43	26	-40	R	166	79	-52	Suisse
Communauté européenne	26 456	16 436	4 059	-75	R	13 161	6 671	-49	Communauté européenne

1. Les niveaux d'émission de 1980 et 1990 et les réductions en % sont donnés à titre indicatif uniquement dans l'annexe II du Protocole de Göteborg. Voir le texte du Protocole pour plus de détails et des notes par pays (*www.unece.org/env/lrtap/*).
2. Statut au 24 mai 2012, date d'entrée en vigueur du Protocole : S = signé, R = ratifié. N.B. : en 1991, le Canada et les États-Unis ont signé un accord bilatéral sur la qualité de l'air qui comporte une annexe sur les pluies acides (1991) et une annexe sur l'ozone (2000).
3. ZGEP : zone de gestion des émissions de polluants. Au Canada, la ZGEP pour le soufre couvre une superficie de 1 million de kilomètres carrés, qui englobe tout le territoire des provinces de l'Île du Prince-Édouard, de la Nouvelle-Écosse et du Nouveau-Brunswick, tout le territoire de la province du Québec au sud d'une ligne droite allant du Havre-Saint-Pierre, sur la côte septentrionale du golfe du Saint-Laurent au point où la frontière Québec-Ontario coupe la côte de la baie James, ainsi que tout le territoire de la province de l'Ontario au sud d'une ligne droite allant du point où la frontière Ontario-Québec coupe la côte de la baie James au fleuve Nipigon, près de la rive septentrionale du lac Supérieur.

Source : CEE-ONU (2012), « Convention on Long-Range Transboundary Air Pollution ».

- L'exposition à la pollution ambiante par les $PM_{2.5}$ pondérée par la population est définie comme le niveau moyen d'exposition de la population d'une nation aux concentrations de particules en suspension de diamètre inférieur à 2.5 microns à l'extérieur des locaux. Elle est calculée en pondérant les concentrations annuelles moyennes de $PM_{2.5}$ par la population dans les zones urbaines et rurales et en les agrégeant au niveau national. Les estimations des concentrations annuelles de particules fines proviennent de l'étude sur la charge mondiale de morbidité (étude GBD), une initiative scientifique internationale dirigée par l'Institute for Health Metrics and Evaluation de l'Université de Washington (*www.healthdata.org/gbd/about*). Elles sont produites en combinant des données issues des modèles de transport chimique atmosphérique, des observations satellitaires des aérosols dans l'atmosphère et de la surveillance des particules au niveau troposphérique. On trouvera de plus amples détails dans l'article de van Donkelaar et al. (2015), « Use of Satellite Observations for Long-Term Exposure Assessment of Global Concentrations of Fine Particulate Matter », publié dans la revue *Environmental Health Perspectives*, n° 123, pp. 135-143 ; *http://dx.doi.org/10.1289/ehp.1408646*. Voir aussi : Mean annual exposure to $PM_{2.5}$ (microgrammes per cubic meter) : *http://data.worldbank.org/indicator/EN.ATM.PM25.MC.M3*.

- La population exposée à des concentrations ambiantes de $PM_{2.5}$ supérieures aux valeurs guides de l'OMS est définie comme la part des habitants d'un pays vivant dans des endroits où les concentrations annuelles moyennes de $PM_{2.5}$ dépassent 10 microgrammes par mètre cube d'air. Les données sont obtenues en superposant les estimations des concentrations de $PM_{2.5}$ à des données carroyées sur la population. Le pourcentage des habitants vivant dans des zones où les concentrations de $PM_{2.5}$ dépassent les valeurs recommandées est calculé en faisant le total de la population présente dans les mailles où ces concentrations sont dépassées et en le rapportant à la population totale. Voir aussi : Population exposed to $PM_{2.5}$ levels exceeding the WHO guideline value (% of total) : *http://data.worldbank.org/indicator/EN.ATM.PM25.MC.ZS*.
- La valeur guide à long terme recommandée par l'Organisation mondiale de la santé (OMS) est de 10 microgrammes par mètre cube : elle correspond au bas de la fourchette des concentrations au-dessus desquelles des effets néfastes sur la santé dus à l'exposition aux $PM_{2.5}$ ont été observés. La valeur recommandée par l'Union européenne (et devenue obligatoire en 2015) est une exposition à une concentration moyenne annuelle sur trois années civiles consécutives inférieure à 20 $\mu g/m^3$. Sont prises en compte les moyennes de certaines stations de surveillance installées dans les agglomérations et d'autres grandes zones urbaines, dans des lieux caractéristiques de la pollution de fond urbaine, afin d'évaluer au mieux l'exposition de la population en général aux $PM_{2.5}$: *http://ec.europa.eu/environment/air/quality/standards.htm*.

Prélèvements d'eau douce et intensité d'utilisation des ressources en eau douce

L'intensité d'utilisation des ressources naturelles en eau douce (c'est-à-dire le stress hydrique) est calculée comme le volume des prélèvements bruts en pourcentage du total des ressources en eau douce renouvelables disponibles (y compris les apports des pays voisins) ou en pourcentage des ressources internes (précipitations-évapotranspiration). On distingue les niveaux de stress suivants :

- Faible (moins de 10 %) : d'une façon générale, aucune pression importante ne s'exerce sur les ressources disponibles.
- Modéré (10 à 20 %) : la disponibilité de l'eau devient une contrainte qui pèse sur le développement, et d'importants investissements sont nécessaires pour assurer l'approvisionnement voulu.
- Moyen-fort (20 à 40 %) : implique de gérer à la fois l'offre et la demande, et de résoudre des conflits entre utilisations concurrentes.
- Fort (plus de 40 %) : indique une grave pénurie, et dénote généralement une utilisation non viable de l'eau, qui peut devenir un facteur limitant dans le développement économique et social.

Les niveaux de stress hydrique des pays peuvent masquer d'importantes variations au niveau infranational (bassin hydrographique, par exemple), en particulier dans les pays comprenant de vastes régions arides et semi-arides.

- Pour certains pays (Chili, Mexique, Nouvelle-Zélande, par exemple), les données se rapportent aux autorisations de prélèvement et non aux prélèvements effectifs.
- Ressources en eau douce : les données correspondent à la moyenne annuelle à long terme sur une période d'au moins 30 années consécutives.
- Dernière année disponible : les données antérieures à 2009 n'ont pas été prises en compte.
- Les données sur les superficies irriguées portent sur les surfaces équipées pour l'irrigation. *Source* : FAO.

Allemagne. Prélèvements d'eau douce : jusqu'en 1998, les totaux ne tiennent pas compte des prélèvements d'eau destinée à des usages agricoles autres que l'irrigation.

Autriche. Les prélèvements d'eau douce en pour cent des ressources correspondent à la moyenne à long terme sur la période 1981-2010.

Belgique. Les ressources en eau douce ne tiennent pas compte de l'écoulement souterrain et comprennent des estimations.

Danemark. L'irrigation comprend les prélèvements pour la pisciculture.

Espagne. Les totaux ne tiennent pas compte des prélèvements d'eau destinée à l'aquaculture.

France. Les données portent sur la France métropolitaine et les départements d'outre-mer.

Irlande. Rupture de série en 2005 (changement de méthodologie).

Japon. Approvisionnement public : les données portent uniquement sur les prélèvements d'eau fournie aux particuliers et au secteur des services.

Mexique. À partir de 2001 : volumes prélevés avec autorisation dans le cadre de concessions. Les données antérieures sont des estimations.

Nouvelle-Zélande. Les données ne tiennent pas compte des prélèvements dans les retenues. Estimations à partir des permis de prélèvement, en prenant pour hypothèse que 50 % des volumes alloués sont effectivement prélevés.

Pologne. Les prélèvements destinés à l'agriculture comprennent l'aquaculture (superficies de plus de 10 ha) et l'irrigation (terres arables et superficies forestières de plus de 20 ha). L'eau destinée à la production animale et à la satisfaction des besoins domestiques des populations rurales est ignorée (prélèvements d'auto-approvisionnement).

République slovaque. Les ressources en eau douce ne tiennent pas compte de l'écoulement souterrain (estimé à 946 millions m^3). Les données relatives à l'irrigation avant 2000 comprennent des estimations.

République tchèque. Les ressources en eau douce ne tiennent pas compte de l'écoulement souterrain. Le total des prélèvements a diminué en 2013 du fait de la baisse des volumes prélevés pour le refroidissement des centrales électriques.

Royaume-Uni. Les données portent uniquement sur l'Angleterre et le Pays de Galles ; années budgétaires (d'avril à mars) jusqu'en 2000 et à partir de 2008. Ruptures de série en 1991 et 1999 (modifications apportées aux méthodes de déclaration et nomenclatures). Approvisionnement public : les données comportent des estimations.

Suisse. Le total des ressources renouvelables ne tient pas compte des apports du Liechtenstein (environ 1 %) ; les prélèvements d'eau douce correspondent à des totaux partiels qui excluent l'ensemble des usages agricoles. Les données pour 2012 comportent des estimations.

Turquie. Les totaux sont estimés à partir d'inventaires partiels ignorant les usages agricoles autres que l'irrigation et, jusqu'en 1993, le refroidissement des centrales électriques.

OCDE. La série temporelle comporte des estimations du Secrétariat de l'OCDE obtenues par interpolation linéaire. Le total des prélèvements d'eau pour l'OCDE ne tient pas compte du Chili.

Population raccordée à une station d'épuration

Par « raccordé », on entend relié physiquement à une station d'épuration par un réseau d'égouts public. Cela exclut donc les installations privées indépendantes (telles que les fosses septiques) qui sont utilisées dans les endroits où le raccordement au réseau public n'est pas rentable. Le taux de raccordement optimal n'est pas forcément de 100 % ; il varie selon les pays, en fonction des caractéristiques géographiques et de la répartition spatiale de l'habitat.

- Le traitement primaire désigne le traitement des eaux usées par un procédé physique et/ou chimique comprenant la décantation des matières solides en suspension ou par d'autres procédés par lesquels la DBO5 des eaux usées entrantes est réduite d'au moins 20 % avant le rejet et le total des matières solides en suspension des eaux usées entrantes, d'au moins 50 %.
- Le traitement secondaire désigne le traitement des eaux usées par un procédé comprenant généralement un traitement biologique avec décantation secondaire ou par un autre procédé permettant de réduire d'au moins 70 % la DBO et d'au moins 75 % la DCO.
- Le traitement tertiaire désigne le traitement de l'azote et/ou du phosphore et/ou de tout autre polluant se répercutant sur la qualité de l'eau ou sur la possibilité de l'affecter à un usage particulier (pollution microbiologique, coloration, etc.).

Allemagne. Depuis 2007, le traitement total comprend les eaux usées des habitants utilisant un réservoir dont le contenu est acheminé par camion vers une station d'épuration, et « sans traitement » renvoie au prétraitement dans des stations indépendantes mais raccordées au réseau de collecte des eaux usées.

Chili. Les données se rapportent aux habitants des zones urbaines uniquement. Données 2009 pour le traitement indépendant.

Corée. La population raccordée comprend les habitants raccordés par une canalisation aux équipements publics de traitement des eaux usées et une partie des installations indépendantes.

Espagne. Les données comprennent les valeurs des agglomérations urbaines de plus de 2 000 équivalents habitants (soit environ 1 300 habitants) et des estimations pour les agglomérations de moins de 2 000 équivalents habitants. Le traitement des eaux usées urbaines comprend les systèmes de fosses septiques. Les taux de raccordement peuvent donc être surestimés.

Finlande. Réduction de la DBO de 50 à 80 % dans le cas du traitement secondaire, et de 70 à 90 % dans celui du traitement tertiaire.

France. Rupture de série entre 2004 et 2011.

Grèce. Les données concernent les agglomérations de plus de 2 000 équivalents habitants.

Irlande. Les données d'avant 1999 ne tiennent pas compte de certaines agglomérations de moins de 2 000 équivalents habitants. Depuis 1999, les données portent sur le traitement des eaux usées des agglomérations de 500 équivalents habitants ou plus. Pour 2011, elles comprennent aussi les agglomérations de moins de 500 équivalents habitants. Avant 2011, la population raccordée à des installations de traitement sur site (fosses septiques, par exemple) n'était pas prise en compte.

Italie. Le taux de raccordement au traitement des eaux usées est surestimé, car il se fonde sur l'hypothèse que le réseau d'assainissement public dessert l'intégralité de la population des communes raccordées.

Japon. Des instances de traitement primaire ou tertiaire peuvent être comptabilisées dans le traitement secondaire.

Mexique. Les estimations sont fondées sur les volumes d'eaux usées traitées.

Pologne. Les données comprennent aussi la population qui n'est pas raccordée au moyen de canalisations, mais dont les eaux usées sont acheminées par camion vers des stations d'épuration municipales après avoir été recueillies dans des fosses septiques.

Portugal. Sont pris en compte dans le taux de raccordement : le traitement préliminaire, le traitement indéfini et les fosses septiques collectives.

Royaume-Uni. Angleterre et Pays de Galles uniquement.

Suède. Rupture de série en 2000. Sur la base d'études de la situation des eaux usées effectuées à partir de registres, il a été pris pour hypothèse que quiconque habite en zone urbaine est raccordé à une station d'épuration des eaux usées.

Turquie. Rupture de série en 2010. Avant 2010, les données portaient uniquement sur les municipalités ; depuis 2010, elles englobent aussi les villages.

Espèces menacées

- Par « espèces menacées », on désigne les catégories « en danger », « en danger critique d'extinction » et « vulnérables », c'est-à-dire les espèces menacées d'extinction et celles qui risquent de le devenir à bref délai. Sauf indication contraire, les espèces éteintes sont ignorées.
- « En danger » : espèces qui, sans être « en danger critique d'extinction », font face à un très fort risque d'extinction à l'état sauvage dans un avenir proche.
- « En danger critique d'extinction » : espèces pour lesquelles le risque d'extinction à l'état sauvage est extrêmement élevé dans un avenir immédiat.
- « Vulnérables » : espèces qui, sans être « en danger critique d'extinction » ni « en danger », font face à un fort risque d'extinction à l'état sauvage à moyen terme.

Il est à noter que le nombre des espèces connues ne reflète pas toujours avec précision le nombre des espèces existantes, et que les pays appliquent les définitions avec plus ou moins de rigueur.

Des espèces éteintes entrent dans les données de certains pays : République tchèque et Grèce (plantes vasculaires).

Oiseaux : seules les espèces nichant sur le territoire national sont prises en compte dans certains pays (Allemagne, Autriche, Belgique, Danemark, France, Islande, Luxembourg, Pays-Bas, République slovaque, République tchèque, Royaume-Uni, Suisse).

Australie. Mammifères : y compris les monotrèmes et les marsupiaux.

Danemark. Les plantes vasculaires ne comprennent pas les espèces apomictiques des genres *Hieracium*, *Rubus* et *Taraxacum*.

Espagne. Les oiseaux indigènes comprennent uniquement les espèces nichant sur le territoire national. La part des espèces de plantes vasculaires menacées est une estimation.

États-Unis. Espèces menacées selon les définitions nationales, qui reposent sur le système d'évaluation Global Status Ranks de NatureServe. Espèces connues : espèces « indigènes » et « exotiques ».

Finlande. Les plantes vasculaires comprennent les espèces indigènes et les espèces naturalisées, à l'exclusion des espèces apomictiques et des espèces exotiques éphémères.

France. France métropolitaine. Les oiseaux comprennent les oiseaux nicheurs, hivernants et de passage ; seules les espèces nicheuses sont classées comme indigènes. Plantes vasculaires : Angiospermes, Gymnospermes et Ptéridophytes.

Grèce. Les plantes vasculaires comprennent huit espèces éteintes. Les mammifères ne comprennent pas les mammifères marins, et la part des espèces menacées parmi eux est sous-estimée.

Islande. Les mammifères désignent les espèces terrestres uniquement. Les oiseaux englobent les quelque 350 espèces qui ont été enregistrées au moins une fois sur le territoire national.

Israël. Les données relatives aux mammifères indigènes menacés portent sur trois espèces indigènes qui sont toutes menacées.

Luxembourg. Plantes vasculaires : les espèces connues sont estimées sur la base du nombre total de taxons de la liste rouge.

Mexique. Les données sont des estimations. Les espèces indigènes désignent les espèces endémiques uniquement. Les oiseaux comprennent les espèces résidentes et migratoires. Les plantes vasculaires sont les Ptéridophytes, les Gymnospermes et les Angiospermes.

Norvège. Les espèces connues comprennent uniquement les espèces qui se reproduisent en Norvège.

Nouvelle-Zélande. Espèces menacées selon les critères nationaux ; elles comprennent uniquement des espèces indigènes. Les espèces connues n'incluent pas les espèces erratiques et migratrices.

Portugal. Les données comprennent les Açores et Madère. Les données sur les oiseaux ne tiennent pas compte des espèces erratiques.

République slovaque. Les espèces de mammifères connues renvoient aux groupes taxonomiques. Les plantes vasculaires sont uniquement les arbres.

Royaume-Uni. Espèces indigènes uniquement. Espèces menacées selon les critères nationaux.

Suède. Espèces indigènes uniquement.

Suisse. Espèces évaluées.

Zones protégées

Une « zone protégée » est définie comme une superficie terrestre ou marine spécialement destinée à la protection et au maintien de la diversité biologique ainsi que des ressources naturelles et culturelles associées, et dont la gestion est régie par la loi ou par d'autres moyens effectifs. Les données portent sur les zones relevant des catégories de gestion I à VI dans la classification de l'UICN. Les classifications nationales peuvent être différentes.

Catégories de gestion I à VI de l'UICN :

Ia : réserve naturelle intégrale, gérée principalement à des fins scientifiques.

Ib : zone de nature sauvage, gérée principalement à des fins de protection des ressources sauvages.

II : parc national, géré principalement dans le but de protéger les écosystèmes et à des fins récréatives.

III : monument naturel, géré principalement dans le but de préserver des éléments naturels spécifiques.

IV : aire de gestion des habitats ou des espèces, gérée principalement à des fins de conservation des habitats et espèces, avec intervention au niveau de la gestion.

V : paysage terrestre ou marin protégé, géré principalement dans le but d'assurer la conservation de paysages terrestres ou marins et à des fins récréatives.

VI : aire protégée avec utilisation durable des ressources naturelles, gérée principalement à des fins d'utilisation durable des écosystèmes naturels.

Australie. Comprend le Parc marin de la Grande Barrière de corail.

Danemark. À l'exclusion du Groenland.

Espagne. Comprend les Baléares et les Canaries.

États-Unis. Alaska compris. À l'exclusion des Samoa américaines, de Guam, des îles mineures éloignées, des îles Mariannes du Nord, de Porto Rico et des îles Vierges.

France. France métropolitaine uniquement.

Norvège. À l'exclusion de l'archipel de Svalbard et des îles Jan Mayen et Bouvet.

Pays-Bas. À l'exclusion des Antilles néerlandaises.

Portugal. Comprend les Açores et Madère.

Royaume-Uni. À l'exclusion des territoires d'outre-mer.

Ressources forestières

Forêts

Les forêts désignent les terres occupant une superficie de plus de 0.5 hectare avec un couvert arboré de plus de 10 %, ou avec des arbres capables d'atteindre ces seuils *in situ*. Sont exclues les terres à vocation agricole ou urbaine prédominante, ainsi que celles affectées exclusivement à un usage récréatif.

Intensité d'utilisation des ressources forestières

- Intensité d'utilisation : récoltes ou abattages effectifs rapportés à la capacité productive annuelle (accroissement brut).
- Abattages : moyenne annuelle du volume, mesuré sur écorce jusqu'à un diamètre à hauteur de poitrine de 0 cm, de l'ensemble des arbres sur pied, vivants ou morts, qui sont abattus durant la période de référence donnée, y compris le volume des arbres ou parties d'arbres qui sont laissés dans les forêts, autres terres boisées ou autres lieux d'abattage.

- Accroissement brut : croissance annuelle moyenne, au cours de la période de référence, du volume de l'ensemble des arbres, mesuré jusqu'à un diamètre à hauteur de poitrine de 0 cm.
- 2013 : 2013 ou dernière année disponible (les données antérieures à 2009 ont été ignorées).

Autriche. Moyennes annuelles sur plusieurs années.

Danemark. Rupture de série temporelle en 2012.

Estonie. Moyennes sur plusieurs années. Les données de la période 1950-95 intègrent également les « autres terres boisées » et les arbres situés en dehors des forêts. Depuis 2000, elles portent sur les forêts disponibles pour la production de bois.

Finlande. Toutes les forêts sont prises en compte.

France. Les données renvoient au volume total prélevé dans la forêt, bois mort compris, hors pertes d'exploitation.

Islande. Pas de données communiquées, en l'absence de foresterie traditionnelle dans ce pays.

Nouvelle-Zélande. Les données relatives à l'accroissement brut concernent uniquement les forêts de production plantées.

Pays-Bas. Les données d'avant 2013 sont des moyennes sur 5 ans.

Portugal. Les données sont des estimations.

Suède. La superficie des forêts disponibles pour la production de bois est en diminution constante depuis 1990, en raison de mesures de protection de l'environnement qui ont notamment entraîné la mise sous protection officielle ou officieuse de certaines zones.

Produits forestiers en pour cent des exportations nationales de biens

- Le pourcentage est calculé sur la base de données exprimées en unités monétaires.
- Les produits forestiers désignent les produits ligneux : bois rond, bois-énergie et charbon de bois, bois industriel, sciages, panneaux à base de bois, résidus de bois, ainsi que pâtes à papier et carton.

Ressources halieutiques

- Total des captures de poisson : production halieutique des pêcheries de capture ; les données portent sur les captures nominales (équivalent en poids vif des débarquements). Sont en revanche exclus : les plantes aquatiques, divers produits aquatiques, les crocodiles, les baleines, les phoques et les autres mammifères aquatiques.
- L'aquaculture désigne l'élevage ou la culture en milieu aquatique d'organismes moyennant diverses formes d'intervention en vue d'améliorer la production, notamment l'empoissonnement régulier, l'apport d'aliments et la protection contre les prédateurs.

Déchets municipaux

- Par déchets municipaux, on entend les déchets ménagers et assimilés collectés par les communes ou pour leur compte. Ils englobent les déchets produits par les ménages ainsi que les déchets assimilés provenant des petits commerces, des bureaux, des établissements tels que les écoles et les administrations, des services municipaux et des petites entreprises dont les déchets sont traités ou éliminés dans les mêmes installations. En revanche, ils ne comprennent pas les déchets de construction ni les boues d'épuration.

- Les définitions peuvent varier selon les pays. Certains peuvent comptabiliser dans les déchets municipaux de petites quantités de déchets spéciaux ou de déchets d'équipements électriques et électroniques (DEEE), ou des déchets collectés par le secteur privé dans le cadre de programmes de responsabilité élargie des producteurs et non pour le compte des communes. Du fait de la prise en compte de ces volumes de déchets, la production de déchets peut être surestimée par rapport à celle déclarée par d'autres pays.
- La somme des pourcentages de déchets municipaux éliminés et valorisés peut ne pas être égale à 100 % parce que les résidus de certaines opérations de traitement (incinération, compostage) sont mis en décharge et parce que d'autres opérations de traitement peuvent être ignorées.
- Le recyclage est défini comme toute réutilisation de matériaux dans les processus de production qui le dévie du flux de déchets, à l'exception de la réutilisation comme combustible. Cela concerne le recyclage pour le même type de produit ou pour d'autres objectifs. Le recyclage direct de déchets dans les établissements industriels dans lesquels ils sont produits n'est pas pris en compte.
- Le compostage est défini comme un processus biologique de décomposition anaérobie ou aérobie des déchets biodégradables aboutissant à un produit qui est valorisé.

Les données portent sur 2013 ou la dernière année disponible. Les variations en pour cent sont calculées par rapport à 1990 et 2000 ou les années les plus proches disponibles. Il est à noter que des changements de définition et de méthodologie entraînent des ruptures des séries temporelles pour plusieurs pays. Lorsque c'était possible, les périodes de calcul des variations en pour cent ont été adaptées pour éviter que ces ruptures entrent dans les calculs. Voir les tableaux A.2 et A.3 ci-dessous pour des informations plus détaillées sur les années et les périodes prises en compte.

Allemagne. La part de l'incinération sans valorisation énergétique comprend les autres modes d'élimination.

Autriche. Les déchets municipaux ne comprennent pas les déchets des chantiers de construction ni les déchets verts des services municipaux compostés sur site, qui sont inclus dans la définition nationale. Les déchets des ménages englobent une faible part de déchets des activités commerciales.

Belgique. Les déchets des ménages comprennent les déchets des petites entreprises.

Canada. La variation en pour cent se rapporte aux seuls déchets ménagers. En 2010, la production de déchets non dangereux des ménages, des institutions, des établissements commerciaux et des entreprises industrielles (déchets de construction et de démolition compris) s'est élevée à 965 kg par habitant. Les pourcentages de déchets éliminés et valorisés ont été estimés à partir de ces déchets non dangereux.

Chili. La mise en décharge comprend les « autres formes d'élimination ».

Espagne. Les données comprennent les Baléares et les Canaries. Le recyclage correspond aux quantités recueillies dans le cadre de la collecte sélective.

Estonie. Les données ne tiennent pas compte des déchets d'emballage collectés séparément pour être recyclés et sous-estiment donc la production de déchets municipaux par rapport aux autres pays européens.

France. Les données comprennent les départements et territoires d'outre-mer. Avant 2010, les données relatives au recyclage portent sur les quantités reçues dans les installations ; après 2010, elles portent sur les quantités sortant des installations.

Grèce. Depuis 2010, la mise en décharge comprend les déchets qui étaient auparavant abandonnés dans les décharges sauvages fermées en 2009.

Hongrie. La production de déchets municipaux comprend des estimations pour la population non desservie par un service municipal des déchets. Les pourcentages de déchets municipaux éliminés et valorisés sont calculés sur la base des quantités collectées. Le recyclage comprend les déchets exportés pour recyclage.

Irlande. Les déchets des ménages comprennent des estimations pour les ménages non desservis par les services de collecte des déchets. L'élimination et la valorisation comprennent les déchets exportés pour traitement.

Italie. Le compostage comprend les traitements anaérobies. L'incinération avec valorisation énergétique comprend les déchets transférés dans des usines pour servir à la production d'énergie (cimenteries). La mise en décharge comprend les déchets issus d'activités de tri qui sont mis en décharge.

Japon. Les données sur les déchets municipaux portent sur les déchets collectés par ou pour les municipalités, les déchets directement déposés pour traitement et ceux traités en interne ; elles ne comprennent pas la collecte sélective en vue du recyclage par des entreprises privées. Les pourcentages de déchets municipaux éliminés et valorisés sont calculés pour les déchets traités par les municipalités et ceux faisant l'objet d'une collecte sélective en vue de leur recyclage par le secteur privé. Le recyclage comprend les quantités recyclées directement (y compris la collecte privée) et récupérées après traitement intermédiaire.

Luxembourg. Recyclage : quelque 97 % des déchets municipaux non organiques recyclés sont exportés pour traitement.

Mexique. Les décharges désignent les décharges contrôlées, non contrôlées et à ciel ouvert.

Norvège. Les quantités par habitant sont calculées sur la base de la population desservie par un service municipal de gestion des déchets. Les quantités mises en décharge comprennent des résidus d'autres opérations.

Nouvelle-Zélande. Les données portent sur les quantités mises en décharge.

Pologne. La production de déchets est estimée par le pays.

Portugal. Les données comprennent les Açores et Madère. Le recyclage correspond à la collecte sélective.

Royaume-Uni. Les déchets des ménages comprennent les déchets dangereux et cliniques des ménages, les déchets de nettoiement de la voirie et le contenu des poubelles publiques.

Slovénie. Le recyclage comprend les déchets exportés pour recyclage, mais pas ceux qui sont importés pour être recyclés dans le pays. Les quantités mises en décharge comprennent les résidus d'autres opérations de traitement.

Suède. Le compostage comprend le compostage sur place des déchets de cuisine et de cantine, des résidus de jardinage et des déchets d'entretien des espaces verts.

Turquie. Comprend des estimations pour la population non desservie par un service municipal des déchets. Le recyclage et le compostage se rapportent uniquement au compostage.

OCDE. Il s'agit d'estimations, qui peuvent être différentes de la somme des données nationales présentées. Les données sur l'élimination et la valorisation ne tiennent pas compte de l'Australie, du Canada et d'Israël.

Tableau A.2. **Production de déchets municipaux**

Année/période présentée

	Production de déchets municipaux par habitant			*dont :* déchets des ménages
	kg/hab	Variation en % 1990-2013[a]	Variation en % 2000-13[a]	kg/hab
Allemagne	2013	1990-2013	2000-13	2013
Australie	2009	1992-2009	2000-09	
Autriche	2012	1990-2012	2000-12	2012
Belgique	2013	1990-2013	2000-13	
Canada	..			2010
Chili	2009	1990-2009	2000-09	2009
Corée	2012	1992-2012	2000-12	2012
Danemark	2013		2000-10	2013
Espagne	2013		2000-13	
Estonie	2013			
États-Unis	2012	1990-2012	2000-12	2012
Finlande	2013		2000-13	2013
France	2013	1992-2013	2000-13	2013
Grèce	2012	1990-2009	2000-09	
Hongrie	2013		2000-13	2013
Irlande	2012		2003-12	2012
Islande	2013		2000-13	
Israël	2013		2000-13	
Italie	2013	1991-2013	2000-13	
Japon	2010	1990-2010	2000-10	2010
Luxembourg	2013		2000-13	2013
Mexique	2012	1993-2012	2000-12	2012
Nouvelle Zélande	2013	1990-2011	2002-11	
Norvège	2013		2001-13	2013
Pays-Bas	2013	1990-2013	2000-13	2013
Pologne	2013			
Portugal	2013	1990-2013	2000-13	
République Slovaque	2013		2002-13	2013
République Tchèque	2013		2000-13	2013
Royaume-Uni	2013	1990-2013	2000-13	2013
Slovénie	2013			2013
Suède	2013	1990-2013	2000-13	
Suisse	2013	1990-2013	2000-13	2013
Turquie	2013			
OCDE	2013	1990-2013	2000-13	
OCDE Amérique	2013	1990-2013	2000-13	
OCDE Asie-Océanie	2013	1990-2013	2000-13	
OCDE Europe	2013	1990-2013	2000-13	

a) Les périodes de calcul des variations en pour cent ont été adaptées pour éviter que les ruptures des séries temporelles se répercutent sur les résultats.

Tableau A.3. **Pourcentages de déchets municipaux éliminés et valorisés**

Année ou période présentée

	% des quantités traitées	Variation en % depuis 2000	
		Recyclage et compostage	Mise en décharge
Allemagne	2013	2000-13	2000-13
Australie	2009	break	2003-09
Autriche	2012	2000-12	2000-12
Belgique	2013	2000-13	2000-13

Tableau A.3. **Pourcentages de déchets municipaux éliminés et valorisés** *(suite)*

Année ou période indiquée

	% des quantités traitées	Variation en % depuis 2000	
		Recyclage et compostage	Mise en décharge
Canada	2010	2002-10	2002-10
Chili	2009	2000-09	2000-09
Corée	2012	2000-12	2000-12
Danemark	2013	2000-10	2000-10
Espagne	2013		
Estonie	2011	2000-11	2001-11
États-Unis	2012	2000-12	2000-12
Finlande	2013	2000-13	2000-13
France	2013	2000-13	2000-13
Grèce	2012	2000-12	2000-09
Hongrie	2013		
Irlande	2012	2000-12	2000-12
Islande	2013	2000-13	2000-13
Israël	2013	2004-13	2004-2013
Italie	2013		
Japon	2010	2000-10	2000-10
Luxembourg	2013	2000-13	2000-13
Mexique	2012	2000-12	2000-12
Norvège	2013	2001-13	2001-13
Nouvelle Zélande	2013		
Pays-Bas	2013		
Pologne	2013	2000-10	2000-13
Portugal	2013	2000-13	2000-13
République slovaque	2013		
République tchèque	2013		
Royaume-Uni	2013	2000-13	2000-13
Slovénie	2013	2000-13	2000-13
Suède	2013	2000-13	2000-13
Suisse	2013	2000-13	2000-13
Turquie	2013	2000-13	2000-13
OCDE	**2013**	**2000-13**	**2000-13**
OCDE Europe	2013	2000-13	2000-13

Énergie

Approvisionnements totaux en énergie primaire (ATEP)

Les ATEP sont obtenus par l'opération suivante : *production + importations – exportations – soutes maritimes et aériennes internationales ± variations des stocks*. L'énergie primaire comprend le charbon, la tourbe et les produits dérivés, les huiles de schiste, le gaz naturel, le pétrole brut et les produits dérivés, l'énergie nucléaire et les énergies renouvelables (bioénergies, géothermie, hydroélectricité, énergies marines, solaire et éolien). Les échanges d'électricité sont également inclus dans les approvisionnements totaux en énergie primaire, mais ils sont ignorés dans le calcul de la répartition par source.

PIB exprimé en USD aux prix et PPA de 2005.

Australie. À l'exclusion des territoires d'outre-mer.

Danemark. À l'exclusion du Groenland et des îles Féroé.

Espagne. Comprend les îles Canaries.

États-Unis. Comprennent les 50 États et le District de Columbia. Les statistiques pétrolières et celles relatives aux échanges de charbon comprennent aussi le Porto Rico, Guam, les îles Vierges, les Samoa américaines, l'atoll Johnston, les îles Midway, l'atoll de Wake et les îles Mariannes du Nord.

France. Monaco compris, mais à l'exclusion des départements et territoires d'outre-mer suivants : Guadeloupe, Guyane, Martinique, Nouvelle-Calédonie, Polynésie française, Réunion et Saint-Pierre-et-Miquelon.

Italie. Comprend San Marin et le Vatican.

Japon. Comprend Okinawa.

Pays-Bas. À l'exclusion du Suriname, d'Aruba et des ex-Antilles néerlandaises.

Portugal. Comprend les Açores et Madère.

Royaume-Uni. Les transferts de charbon et de pétrole du Royaume-Uni vers les îles Anglo-Normandes et l'île de Man ne sont pas comptabilisés parmi les exportations. Les approvisionnements en charbon et en pétrole de ces îles entrent donc dans les approvisionnements du Royaume-Uni. Les exportations de gaz naturel à destination de l'île de Man sont en revanche comptabilisées parmi les exportations à destination de l'Irlande.

Suisse. Comprend les données relatives au pétrole du Liechtenstein.

Monde. Données de 2013.

Prix à la consommation finale

Les prix sont exprimés en USD aux prix et parités de pouvoir d'achat courants. Les prix du gaz naturel sont les prix rapportés au pouvoir calorifique supérieur (PCS). Sauf indication contraire ci-dessous, les données portent sur l'année 2014.

Allemagne. Données 2013 pour le gaz naturel (industrie) et l'électricité (industrie et ménages).

Autriche. Données 2013 pour le gaz naturel (ménages).

Canada. Données 2013 pour le gaz naturel et l'électricité (industrie et ménages).

Chili. Données 2013.

Corée. Données 2013 pour le gaz naturel (industrie et ménages).

Espagne. Données 2011 pour l'électricité (industrie et ménages).

Finlande. Données 2011 pour le gaz naturel (ménages).

Grèce. Données 2013 pour l'électricité (industrie et ménages).

Israël. Données 2013 pour l'électricité (industrie et ménages) et 2011 pour le gaz naturel (ménages).

Italie. Données 2011 pour le gaz naturel (ménages).

Japon. Données 2013 pour le gaz naturel (industrie et ménages).

Luxembourg. Données 2013 pour le gaz naturel et l'électricité (industrie et ménages).

Norvège. Données 2011 pour le gaz naturel (ménages).

Nouvelle-Zélande. Données 2013 pour le gaz naturel (industrie et ménages), données 2012 et 2013 pour l'électricité (industrie et ménages).

Pays-Bas. Données 2013 pour l'électricité (ménages).

Royaume-Uni. Données 2013 pour le fioul léger et l'électricité (industrie).

Suède. Données 2013 pour le fioul léger (ménages).

Transports

Trafic routier

Les volumes du trafic sont exprimés en milliards de kilomètres parcourus par les véhicules routiers. Il s'agit généralement d'estimations qui correspondent à la distance annuelle moyenne (en kilomètres) parcourue par un véhicule, multipliée par le nombre de véhicules en circulation. En principe, les données concernent le total des kilomètres parcourus sur toutes les routes sur le territoire national par des véhicules immatriculés dans le pays, à l'exception des deux et des trois roues, motocycles, tracteurs agricoles, caravanes et remorques.

L'interprétation de ces tableaux doit tenir compte des différences dans la définition du volume de la circulation routière : p. ex. incorporation ou exclusion des kilomètres parcourus sur le territoire national par des véhicules étrangers, variations dans la méthode d'estimation.

Les données comportent des estimations du Secrétariat de l'OCDE et des données provisoires.

Les données relatives au PIB sont exprimées en USD aux prix et PPA de 2005.

Les données portent sur l'année 2014 ou la dernière année disponible. Les données antérieures à 2009 sont ignorées. Les variations en pour cent sont calculées par rapport à 1990 et/ou 2000 ou les années les plus proches disponibles (deux années au maximum avant ou après 1990 et/ou 2000).

États-Unis. Les données portent sur les voitures particulières, les motocycles, les utilitaires légers, les camions et les autobus.

Royaume-Uni. Rupture de série en 1992.

OCDE. Les totaux OCDE reposent sur des estimations du Secrétariat. Ils ne comprennent pas le Chili.

Véhicules motorisés

- Parc de véhicules routiers motorisés : les données englobent les voitures particulières, les véhicules utilitaires, les autobus et les autocars ; elles se rapportent aux véhicules routiers autonomes de quatre roues ou plus, à l'exclusion des caravanes et remorques, des véhicules militaires, des véhicules spéciaux (véhicules destinés aux services d'urgence, engins de chantier, etc.) et des tracteurs agricoles.
- Le taux de motorisation est exprimé en nombre de voitures particulières par habitant. Les données se rapportent aux véhicules routiers motorisés autres que les motocycles qui sont destinés au transport de personnes et peuvent transporter au maximum neuf personnes (conducteur compris), ce qui comprend les voiturettes (voitures sans permis), les taxis et les voitures de location de moins de dix places assises.
- Véhicules utilitaires (commerciaux) : camionnettes, camions et tracteurs routiers. À l'exclusion des caravanes, remorques et semi-remorques, des véhicules militaires, des véhicules spéciaux et des tracteurs agricoles.

Allemagne. Voitures particulières : rupture de série en 2007.

Australie. Les véhicules utilitaires désignent les camionnettes, les camions porteurs, les véhicules articulés et autres camions.

Belgique. Les véhicules utilitaires comprennent les véhicules spéciaux, les véhicules tout-terrains et les camions-citernes.

Canada. Le total renvoie à l'ensemble des véhicules. Les véhicules utilitaires désignent les fourgonnettes et les camions de 4.5 tonnes et plus.

Estonie. Le total comprend les véhicules spéciaux. Les véhicules utilitaires sont les camions et les véhicules spéciaux.

États-Unis. Les utilitaires légers comprennent les camionnettes, les pickups et les tout-terrains de loisir. Le total est la somme des utilitaires légers (tous empattements), des motocycles, des porteurs de deux essieux et six roues ou plus, des camions et des autobus.

Hongrie. Voitures particulières : rupture de série en 1996.

Islande. Les véhicules utilitaires désignent les camions et les camionnettes.

Israël. Le total comprend les véhicules spéciaux.

Luxembourg. Les voitures particulières comprennent les véhicules à usage mixte.

Nouvelle-Zélande. Les voitures particulières comprennent les camionnettes.

Pologne. Le total est la somme des voitures particulières, des camions et des autobus.

République tchèque. Les véhicules utilitaires sont les camions et les tracteurs routiers.

OCDE. Les totaux sont fondés sur des estimations du Secrétariat.

Réseau routier

- L'ensemble du réseau routier se compose de toutes les routes existant dans un périmètre donné, à savoir les autoroutes, les routes principales ou nationales, les routes secondaires ou régionales et les autres. En principe, les données portent sur l'ensemble des routes, rues et chemins publics dans les zones urbaines et rurales, mais non sur les routes privées, et décrivent la situation au 31 décembre de l'année considérée.
- Autoroutes : catégorie de route spécialement conçue et construite pour la circulation automobile, qui ne dessert pas les propriétés riveraines et qui : a) sauf en des points particuliers ou à titre temporaire, comporte, pour les deux sens de circulation, des chaussées distinctes séparées l'une de l'autre par une bande de terrain non destinée à la circulation ou, exceptionnellement, par d'autres moyens ; b) ne croise à niveau ni route, ni voie de chemin de fer ou de tramway, ni chemin pour la circulation de piétons ; et c) est spécialement signalée comme étant une autoroute et est réservée à certaines catégories de véhicules routiers automobiles.

Australie. Autoroutes : la méthodologie a changé par rapport à celle employée pour produire les données publiées antérieurement (pas de série temporelle disponible).

Canada. L'ensemble du réseau routier est exprimé en milliers de kilomètres équivalent deux voies.

Espagne. L'ensemble du réseau routier ne comprend pas les « autres » routes.

États-Unis. L'ensemble du réseau routier désigne toutes les routes (revêtues et non revêtues). Les autoroutes désignent les routes à quatre voies ou plus.

Islande. L'ensemble du réseau routier désigne les routes nationales, principales, de déversement (de desserte), de campagne et de montagne.

Mexique. Les autoroutes désignent les routes à quatre voies ou plus.

Pays-Bas. Autoroutes : rupture de série en 2001.

Suisse. L'ensemble du réseau routier désigne les routes cantonales et communales, ainsi que les routes nationales à l'exception des autoroutes.

OCDE. Les totaux pour l'ensemble de l'OCDE sont fondés sur des estimations du Secrétariat.

Prix et fiscalité des carburants routiers

- Taxes : comprennent les taxes acquittées par les consommateurs lors des transactions qui ne sont pas remboursables.
- Gazole : gazole à usage commercial.
- Essence sans plomb : supercarburant sans plomb (95 RON), sauf indication contraire.
- Prix : exprimés en USD aux prix et PPA de 2005.

Chili. Essence : données 2013.

Japon. Essence : ordinaire sans plomb.

Agriculture

Engrais commerciaux

L'intensité d'utilisation d'engrais est exprimée comme la consommation apparente d'engrais (mesurée en matières actives) dans la production agricole. La consommation apparente est *égale* à la production *plus* les importations *moins* les quantités consacrées à des usages autres que la fertilisation *moins* les exportations. La production de données sur la consommation apparente repose sur l'hypothèse que l'offre est égale à la consommation.

La source des données est la FAO, qui se fonde sur les données officielles des pays. Lorsqu'il n'existait pas de données nationales officielles pour certains produits ou certaines années, des informations fiables disponibles auprès d'autres sources ont été utilisées à la place. Des données nationales détaillées ont été analysées pour harmoniser à partir de l'année 2002 les séries temporelles relatives à la production totale, aux importations, aux exportations et à la consommation.

Tous les chiffres sont calculés en kilogrammes d'éléments nutritifs. L'azote est généralement mesuré à l'état d'élément (N), alors que pour le phosphate, c'est l'oxyde P_2O_5 qui est pris en compte.

Densité du bétail

La densité du bétail est estimée et exprimée comme le nombre d'animaux vivants (en équivalents ovins) par hectare de terres agricoles. Sont pris en compte les moutons, chèvres, porcs, ânes, mulets, chevaux, bovins, buffles et oiseaux de basse-cour. Les coefficients suivants sont utilisés pour la conversion en équivalents ovins : 6 pour les bovins, 1 pour les moutons et les chèvres, 4.8 pour les chevaux, 1 pour les porcs et 0.06 pour les oiseaux de basse-cour. *Source* : FAO.

Agriculture biologique

Les terres agricoles comprennent les terres arables, les cultures permanentes et les prairies et pâturages permanents.

Les terres agricoles en agriculture biologique comprennent la superficie agricole biologique certifiée et la superficie en conversion en biologique. La superficie certifiée désigne les « terres arables » consacrées exclusivement à l'agriculture biologique et gérées selon les méthodes de l'agriculture biologique. C'est la partie des terres qui est gérée (cultivée) ou exploitée à l'état sauvage conformément à des normes biologiques ou des règlements techniques spécifiques, et qui a fait l'objet d'une inspection et a été approuvée par un organisme de certification. *Source* : FAO.

Israël. Les données portent sur la superficie agricole biologique certifiée.

Production agricole

L'indice de production agricole est calculé en faisant la somme pondérée par le prix de la production des différents produits agricoles, après déduction des quantités utilisées comme semences ou pour l'alimentation animale, pondérées de même. L'agrégat ainsi obtenu représente donc la production disponible pour toutes les utilisations, sauf l'utilisation comme semences ou aliments pour animaux. Tous les indices présentés pour des régions ou pays particuliers ou pour le monde sont calculés à l'aide de la formule de Laspeyres. Ils peuvent varier par rapport à ceux produits par les pays eux-mêmes en raison de différences dans les concepts utilisés pour la production, la couverture, les pondérations, les références temporelles des données et les méthodes de calcul. *Source* : FAO (voir FAOSTAT pour plus de détails).

Fiscalité liée à l'environnement

Les recettes provenant des taxes liées à l'environnement sont exprimées en pourcentage des recettes fiscales totales et en pourcentage du PIB. Elles comprennent les recettes des taxes suivantes :

- Taxes sur les produits énergétiques destinés aux transports (essence et gazole) et à des usages fixes (combustibles fossiles et électricité).
- Taxes sur les véhicules motorisés et les transports, c'est-à-dire taxes non récurrentes sur l'importation ou la vente, taxes récurrentes d'immatriculation ou d'utilisation des routes et autres taxes sur les transports.
- Autres taxes liées à l'environnement, notamment les taxes de gestion des déchets (taxes sur l'élimination finale ou les emballages et autres taxes sur les produits en rapport avec les déchets), celles frappant les substances qui appauvrissent la couche d'ozone et celles n'entrant dans aucune de ces catégories.

Les données portent sur l'année 2013 ou la dernière année disponible ; celles antérieures à 2010 ont été ignorées. Les variations sont calculées par rapport à l'année 2000 ou la première année disponible après 2000 ; les données postérieures à 2003 ont été ignorées dans le calcul des variations.

Recettes des taxes liées à l'environnement en pourcentage des recettes fiscales totales : pour certains pays, la dernière année disponible pour cet indicateur est 2012, en raison de l'absence de données postérieures sur les recettes fiscales totales (Australie, Japon, Mexique, Pays-Bas, Pologne).

Les valeurs monétaires sont exprimées en millions USD aux prix et PPA de 2005.

OCDE. Les données correspondent à la moyenne pondérée de l'ensemble des pays de l'OCDE.

R-D liée à l'environnement

Budget public de R-D consacré à l'environnement

Les données renvoient aux crédits budgétaires publics de recherche-développement (CBPRD), lesquels mesurent les fonds que les pouvoirs publics consacrent à la R-D pour atteindre divers objectifs socio-économiques. Ces objectifs reposent sur la Nomenclature pour l'analyse et la comparaison des budgets et programmes scientifiques (NABS 2007). L'indicateur présenté porte sur l'objectif socio-économique « environnement », qui englobe la recherche axée sur la lutte contre la pollution et la mise au point de dispositifs de surveillance pour mesurer, éliminer et prévenir la pollution. Il est exprimé en pourcentage des CBPRD totaux. Pour de plus amples détails, voir OCDE (2015), *Frascati Manual 2015: Guidelines for Collecting and Reporting Data on Research and Experimental Development*, « The Measurement of Scientific and Technological Activities », Éditions OCDE, Paris, *http://dx.doi.org/10.1787/9789264239012-en*.

Les estimations du budget public de R-D consacré à l'environnement sont présentées du point de vue du principal bailleur de fonds, c'est-à-dire en termes de crédits budgétaires, plutôt que de celui de l'exécutant, c'est-à-dire en termes de dépenses. Les budgets estimés peuvent être différents des dépenses publiques effectives, car les dépenses de R-D prévues au moment du vote des crédits peuvent ne pas correspondre à ce qui est mesuré *in fine* par les exécutants de la R-D. Les différences peuvent aussi s'expliquer par des imprécisions dans la définition des crédits budgétaires qui entravent l'identification des crédits expressément consacrés à la R-D.

Les valeurs monétaires sont exprimées en millions USD aux prix et PPA de 2005.

Les données portent sur la moyenne des deux années 2012 et 2013 ou des deux dernières années disponibles, les données antérieures à 2010 étant toutefois ignorées. Les variations sont calculées par rapport à la moyenne de 2000-01 ou à la première moyenne disponible après 2000 ; les données postérieures à 2003 ont été ignorées dans le calcul des variations.

Pour l'**Estonie**, la **Pologne** et la **République tchèque**, la variation est calculée par rapport à la moyenne de 2001-02. Pour la **Corée** et le **Mexique**, la dernière moyenne disponible est celle de 2011-12.

OCDE. Les données correspondent à la moyenne pondérée des moyennes nationales présentées pour les deux périodes. La moyenne de l'OCDE ne comprend pas la Turquie, et la variation par rapport à 2000-01 ne tient pas compte du Chili ni de la Hongrie.

RDD dans les énergies renouvelables

Les données portent sur les crédits publics consacrés à la recherche, au développement et à la démonstration (RDD) en rapport avec les énergies hydraulique, géothermique, solaire (thermique et photovoltaïque), éolienne et marémotrice/houlomotrice/marines, ainsi qu'avec les combustibles renouvelables (biomasse solide, biomasse liquide, biogaz) et avec les autres technologies des énergies renouvelables (l'ensemble des technologies de mesure, de suivi et de vérification utilisées avec ces énergies). Elles sont exprimées en pour cent du total des crédits publics destinés à la RDD dans le domaine de l'énergie (toutes formes d'énergie confondues).

Le budget total de RDD énergétique des entités publiques (administrations, organismes publics et entreprises publiques, conformément à la définition de l'AIE) englobe la recherche (recherche fondamentale tournée vers la mise au point de technologies liées à l'environnement et recherche appliquée), le développement et la démonstration en rapport avec la production, le stockage, le transport, la distribution et l'utilisation rationnelle de toutes les formes d'énergie (le déploiement n'est pas pris en compte). Cela concerne les sept grands domaines suivants liés à l'énergie : i) efficacité énergétique ; ii) combustibles fossiles (pétrole, gaz et charbon) ; iii) renouvelables ; iv) fission et fusion nucléaires ; v) hydrogène et piles à combustible ; vi) autres technologies de production et de stockage de l'énergie ; et vii) autres technologies et recherches à caractère transversal.

Les données proviennent de l'Agence internationale de l'énergie (AIE). Quant aux CBPRD, ils sont donnés du point de vue du bailleur de fonds sous forme de crédits (et non du point de vue de l'exécutant sous forme de dépenses). Les données sur la RDD énergétique ne doivent pas être confondues avec celles sur les CBPRD affectés à l'objectif socio-économique « Production, distribution et utilisation rationnelle de l'énergie », qui est un concept de portée plus restreinte défini dans le Manuel de Frascati.

Les données portent sur la moyenne des deux années 2012 et 2013 ou des deux dernières années disponibles, les données antérieures à 2010 étant toutefois ignorées. Les variations sont calculées par rapport à la moyenne de 2000-01 ou à la première moyenne disponible après 2000 ; les données postérieures à 2003 ont été ignorées dans le calcul des variations.

Les valeurs monétaires sont exprimées en millions USD aux prix et PPA de 2005.

République tchèque. La dernière moyenne disponible est celle de 2010-11 et la variation est calculée par rapport à la moyenne de 2002-03.

Pour la **Corée**, l'**Estonie**, la **Grèce**, l'**Italie** et le **Japon**, la dernière moyenne disponible est celle de 2011-12. Pour la **Corée** et l'**Irlande**, la variation est calculée par rapport à la moyenne de 2001-02.

OCDE. Les données correspondent à la moyenne pondérée des moyennes nationales présentées pour les deux périodes. La moyenne de l'OCDE ne comprend pas le Chili, l'Islande, Israël, le Mexique et la Slovénie. La variation par rapport à 2000-01 ne tient pas compte de l'Estonie, du Luxembourg, de la Pologne et de la République slovaque.

Aide publique au développement (APD) liée à l'environnement

Le Comité d'aide au développement de l'OCDE (CAD) a mis en place un système complet de mesure de l'aide ciblant l'environnement, les énergies renouvelables et les objectifs des Conventions de Rio. Il compte aujourd'hui 29 membres : 28 pays membres de l'OCDE et l'Union européenne.

APD affectée à des secteurs liés à l'environnement

Les données portent sur l'APD bilatérale et ne comprennent pas les contributions des donneurs aux organisations multilatérales. Elles représentent l'APD affectée à des secteurs liés à l'environnement, exprimée en proportion du total de l'APD ventilable par secteur :

- Le secteur de l'environnement désigne les activités de protection de l'environnement en général, c'est-à-dire la politique et l'administration de l'environnement, la protection de la biosphère, la biodiversité, la préservation des sites, la prévention et la lutte contre les inondations, l'éducation/la formation à l'environnement et la recherche en matière d'environnement.
- Le secteur de l'approvisionnement en eau et de l'assainissement recouvre la politique et l'administration du secteur de l'eau, la conservation des ressources en eau, l'approvisionnement en eau et l'assainissement, la fourniture de services d'eau potable et d'assainissement de base, l'aménagement des bassins hydrographiques, ainsi que la gestion et l'élimination des déchets, l'éducation et la formation dans le domaine de l'approvisionnement en eau et de l'assainissement.

- Le secteur des énergies renouvelables désigne les activités qui favorisent le développement et le déploiement d'installations produisant de l'énergie en exerçant moins de pressions sur l'environnement. Cela comprend les centrales hydroélectriques, la géothermie, le solaire, l'éolien, les énergies marines et la biomasse.

L'APD ventilable par secteur est composée de l'aide ciblant l'infrastructure et les services sociaux, l'infrastructure et les services économiques et les secteurs productifs, ainsi que l'aide plurisectorielle/transversale. Les données portent sur les décaissements bruts (et non sur les engagements), qui reflètent le mieux les efforts des donneurs. Le secteur de destination de l'APD ne correspond pas au type de biens ou services apportés par le donneur, mais désigne le secteur de la structure économique du destinataire que le transfert vise à stimuler. Les activités environnementales propres à un secteur sont notifiées sous le code de ce secteur et non sous ceux des secteurs liés à l'environnement décrits ci-dessus. Par exemple, l'APD liée à l'eau est classée dans la catégorie *agriculture* si elle est destinée à des barrages et réservoirs utilisés pour l'irrigation, *énergie* si elle est destinée à des barrages et réservoirs utilisés pour la production d'hydroélectricité, et *transport* si elle va à des activités en rapport avec le transport fluvial.

Les données portent sur l'année 2013 ou la dernière année disponible ; les données antérieures à 2010 ont été ignorées. Les variations sont calculées par rapport à l'année 2002 ou 2003 ; les données postérieures à 2003 ont été ignorées dans le calcul des variations.

Danemark. Les variations pour les 3 secteurs liés à l'environnement ont été calculées par rapport à l'année 2003.

Grèce. Les données sur l'APD destinée aux énergies renouvelables portent sur 2010.

Islande. Les données sur le secteur de l'environnement portent sur 2012.

Italie. La variation de l'APD destinée aux énergies renouvelables est calculée par rapport à l'année 2003.

Suisse. La variation pour le secteur de l'environnement est calculée par rapport à l'année 2003.

OCDE. Les données relatives à chaque secteur représentent la moyenne non pondérée de celles présentées pour l'ensemble des pays membres. Cette moyenne comprend des pays non membres du CAD (l'Estonie, par exemple).

APD nette

L'APD nette est exprimée en pourcentage du revenu national brut (RNB). Elle se compose des décaissements de prêts assortis de conditions de faveur (nets du remboursement du principal) et de subventions que le secteur public accorde aux territoires et pays en développement figurant sur la liste du CAD-OCDE des bénéficiaires de l'aide, et qui ont pour principal objectif la promotion du développement économique et de la protection sociale. Cela comprend la coopération technique. En revanche, les subventions, prêts et crédits destinés à des usages militaires ne sont pas pris en compte. Les prêts assortis de conditions de faveur désignent les prêts comportant un élément de libéralité d'au moins 25 % (calculé sur la base d'un taux d'actualisation de 10 %).

Le revenu national brut (RNB) est exprimé aux prix du marché et est égal à la somme des revenus primaires bruts à recevoir par les unités et secteurs institutionnels résidents. Contrairement au produit intérieur brut (PIB), le RNB est un concept de revenu (revenu primaire) et non un concept de valeur ajoutée. Le RNB est égal au PIB (qui, aux prix du marché, représente le résultat final de l'activité de production des unités productrices résidentes), diminué des impôts (moins les subventions) sur la production et les importations, de la rémunération des salariés et des revenus de la propriété à payer au reste du monde, et augmenté des rubriques correspondantes à recevoir du reste du monde.

L'objectif le plus connu en matière d'aide internationale est celui qui a été convenu en 1970 et qui consiste à porter l'APD à 0.7 % du revenu national des donneurs. En 2005, les 15 pays qui étaient membres de l'Union européenne au début de 2004 sont convenus d'atteindre cet objectif à l'horizon 2015.

APD nette en pourcentage du revenu national brut (RNB)

Les données portent sur l'année 2013 ou la dernière année disponible ; les données antérieures à 2010 ont été ignorées. Les variations sont calculées par rapport à l'année 2000 ou la première année disponible après 2000 ; les données postérieures à 2003 ont été ignorées dans le calcul des variations

Hongrie. La variation est calculée par rapport à l'année 2003.

OCDE. Les données représentent la moyenne non pondérée de celles présentées pour l'ensemble des pays membres. Cette moyenne comprend des pays non membres du CAD. Le calcul de la variation ne tient pas compte de la Slovénie.

ORGANISATION DE COOPÉRATION ET DE DÉVELOPPEMENT ÉCONOMIQUES

L'OCDE est un forum unique en son genre où les gouvernements œuvrent ensemble pour relever les défis économiques, sociaux et environnementaux que pose la mondialisation. L'OCDE est aussi à l'avant-garde des efforts entrepris pour comprendre les évolutions du monde actuel et les préoccupations qu'elles font naître. Elle aide les gouvernements à faire face à des situations nouvelles en examinant des thèmes tels que le gouvernement d'entreprise, l'économie de l'information et les défis posés par le vieillissement de la population. L'Organisation offre aux gouvernements un cadre leur permettant de comparer leurs expériences en matière de politiques, de chercher des réponses à des problèmes communs, d'identifier les bonnes pratiques et de travailler à la coordination des politiques nationales et internationales.

Les pays membres de l'OCDE sont : l'Allemagne, l'Australie, l'Autriche, la Belgique, le Canada, le Chili, la Corée, le Danemark, l'Espagne, l'Estonie, les États-Unis, la Finlande, la France, la Grèce, la Hongrie, l'Irlande, l'Islande, Israël, l'Italie, le Japon, le Luxembourg, le Mexique, la Norvège, la Nouvelle-Zélande, les Pays-Bas, la Pologne, le Portugal, la République slovaque, la République tchèque, le Royaume-Uni, la Slovénie, la Suède, la Suisse et la Turquie. La Commission européenne participe aux travaux de l'OCDE.

Les Éditions OCDE assurent une large diffusion aux travaux de l'Organisation. Ces derniers comprennent les résultats de l'activité de collecte de statistiques, les travaux de recherche menés sur des questions économiques, sociales et environnementales, ainsi que les conventions, les principes directeurs et les modèles développés par les pays membres.

ÉDITIONS OCDE, 2, rue André-Pascal, 75775 PARIS CEDEX 16
(97 2015 09 2 P) ISBN 978-92-64-25180-9 – 2016

www.ingramcontent.com/pod-product-compliance
Lightning Source LLC
LaVergne TN
LVHW081415110826
845149LV00010B/1749

9789264251809